JN485677

# Java로 실습하는

# 컴퓨터 알고리즘

裵 仁 漢 著

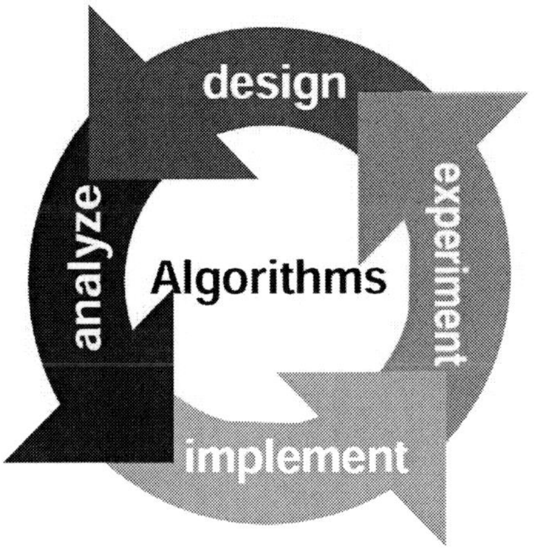


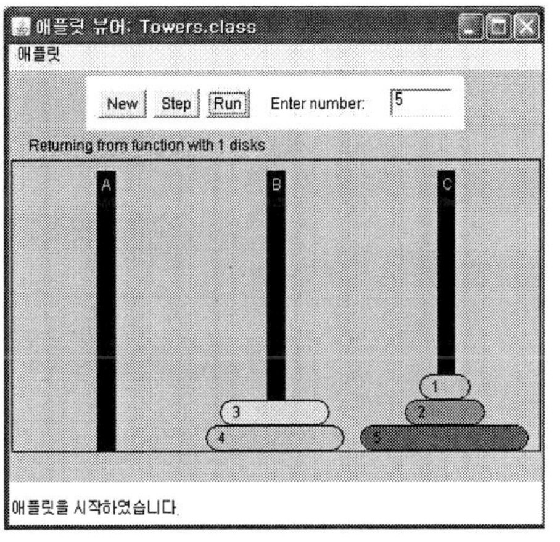


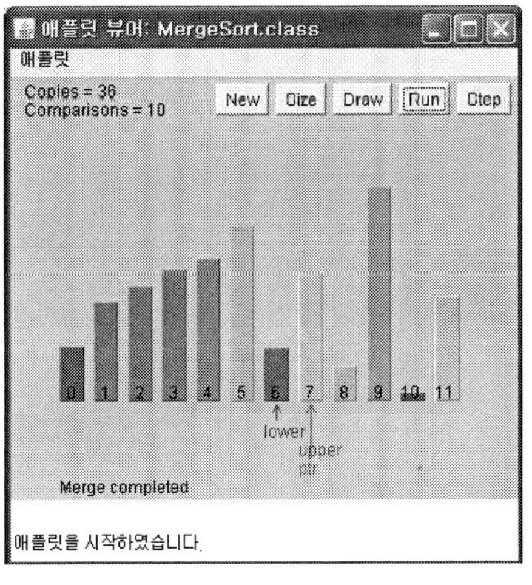

# 머 리 말

문제 해결 논리 및 절차를 다루는 컴퓨터 알고리즘 교과목은 컴퓨터 공학에서 매우 중요한 교과목이다. 본 교재에서는 알고리즘 개념과 복잡도 분석, 알고리즘 기술을 위한 기본 자료구조와 고급 자료구조를 설명하고, 알고리즘의 주요 설계 기법인 분할정복법, 동적계획법, 탐욕기법, 되추적, 확률적 알고리즘, 분기한정법의 간단한 설명과 예제를 제시하고, Java 코딩을 실습한다. 오늘날 대부분의 소프트웨어들이 Java로 개발되어지고 있을 뿐만 아니라 Java는 유비쿼터스 컴퓨팅 환경에 가장 적합한 개발 환경을 제공한다. 따라서 Java로 실습하는 본 컴퓨터 알고리즘 교재를 컴퓨터 알고리즘 수업에 활용함으로써 현재 업체에서 요구하는 알고리즘 설계 능력을 갖춘 Java 전문가를 배출하는 데 도움이 될 것으로 사료된다.

끝으로 이 책이 전산학을 전공하는 학생 및 정보산업에 관련 있는 사람들에게 조금이라도 도움이 되기를 기대하며, 출간에 협조해 주신 도서출판 오성미디어 직원 여러분의 노고에 감사드린다.

2012. 1.　　연구실에서 저자 씀

# 차 례

제 1 장 알고리즘 설계 ..... 1
1. 학습목표 ..... 1
2. 예비지식 ..... 1
3. 예비예제 ..... 6
4. 실습문제 ..... 9

제 2 장 알고리즘 분석과 차수 ..... 15
1. 학습목표 ..... 15
2. 예비지식 ..... 15
3. 예비예제 ..... 22
4. 실습문제 ..... 23

제 3 장 기본 자료구조 ..... 27
1. 학습목표 ..... 27
2. 예비지식 ..... 27
3. 예비예제 ..... 29
4. 실습문제 ..... 33

제 4 장 고급 자료구조 ..... 35
1. 학습목표 ..... 35
2. 예비지식 ..... 35
3. 예비예제 ..... 37
4. 실습문제 ..... 42

제 5 장 재현식 ..... 45

1. 학습목표 ........ 45
2. 예비지식 ........ 45
3. 예비예제 ........ 56
4. 실습문제 ........ 56

제 6 장 분할정복법 ........ 59
1. 학습목표 ........ 59
2. 예비지식 ........ 59
3. 예비예제 ........ 69
4. 실습문제 ........ 74

제 7 장 동적계획법 ........ 77
1. 학습목표 ........ 77
2. 예비지식 ........ 77
3. 예비예제 ........ 91
4. 실습문제 ........ 99

제 8 장 탐욕기법 ........ 101
1. 학습목표 ........ 101
2. 예비지식 ........ 101
3. 예비예제 ........ 114
4. 실습문제 ........ 123

제 9 장 되추적 ........ 127
1. 학습목표 ........ 127
2. 예비지식 ........ 127
3. 예비예제 ........ 133
4. 실습문제 ........ 140

제 10 장 확률적 알고리즘 ........ 143
1. 학습목표 ........ 143
2. 예비지식 ........ 143
3. 예비예제 ........ 146
4. 실습문제 ........ 148

제 11 장 분기한정법 ........ 149
1. 학습목표 ........ 149
2. 예비지식 ........ 149
3. 예비예제 ........ 165
4. 실습문제 ........ 172

제 12 장 학기 프로젝트 ........ 175
1. 학기 프로젝트 예 ........ 175
2. 학기 프로젝트 DB ........ 192

부 록 ........ 213
1. 서로소 집합 자료구조 ........ 213
2. 힙 자료구조 ........ 216
3. 힙 정렬 ........ 222

참고문헌 ........ 226

찾아보기 ........ 227

# 제 1 장 알고리즘 설계

## 1. 학습목표

이 장에서는 프로그램 설계 과정, 알고리즘의 정의, 알고리즘 언어로 Java 가까운 의사 코드 그리고 몇 가지 알고리즘의 예를 소개한다.

## 2. 예비지식

### (1) 프로그램 설계 과정

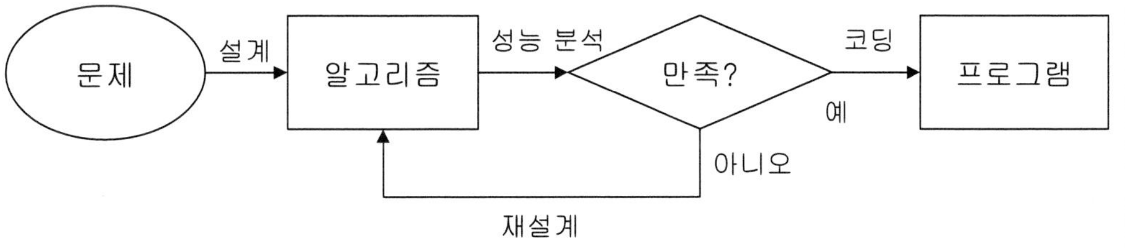


### (2) 알고리즘의 정의

- ▶ 문제에 대한 답을 찾기 위하여 계산하는 절차
- ▶ 특정 문제를 해결하기 위하여 논리적으로 기술해 놓은 일련의 명령문
- ▶ <u>문제해결 논리 및 절차</u>

### (3) 알고리즘 표기 방법

- ▶ 자연어: 한글 또는 영어
- ▶ 프로그래밍 언어: C, C++, Java 등
- ▶ 의사코드(Pseudo-code): 직접 실행할 수 있는 프로그래밍 언어는 아니지만, 거의 실제 프로그램에 가깝게 계산과정을 표현할 수 있는 언어

▶ Java에 가까운 의사 코드를 사용

## (4) Java에 가까운 의사 코드

▶ Java 언어와의 차이

① 배열 인덱스의 범위에 임의의 값을 사용할 수 있다. Java는 반드시 0에서 시작하는 정수만을 허용한다.

② 수학적 표현식 또는 한글을 사용하여 알고리즘 절차를 표현하기도 한다.

√ if ($low \le x \le high$) {
...
}

√ exchange $x$ and $y$;

③ Java에 없는 자료형을 사용한다.

√ index: 첨자로 사용되는 정변수

√ number: 정수나 실수로 정의될 수 있는 변수

④ Java에 없는 제어 구조 사용한다.

√ *repeat* (*n times*) {
...
}

⑤ Java가 아닌 다른 고급 언어에서 일반적으로 사용되는 명령문을 사용한다.

√ i++;

⑥ 익숙한 논리 연산자와 관계 연산자를 사용한다.

√ 논리연산자

| 연산자 | Java |
|---|---|
| and | && |
| or | \|\| |
| not | ! |

√ 관계연산자

| 연산자 | Java |
|---|---|
| x=y | (x==y) |
| x≠y | (x!=y) |
| (x≤y) | (x<=y) |
| x≥y | (x>=y) |

⑦ Java에서는 프로시저와 함수 모두 메서드로 작성한다. 프로시저는 메서드 앞에 **void**라는 키워드를 쓰고, 함수는 메서드의 이름 앞에 넘겨주는 값의 데이터타입을 쓴다. 메서드의 결과 값은 **return**문을 통하여 넘겨준다.

## (5) 알고리즘의 예

▶ 검색 문제

- 문제: 전화번호부에서 "홍길동"의 전화번호 찾기
- 알고리즘(자연어)

① 순차검색: 첫 쪽부터 홍길동이라는 이름이 나올 때까지 순서대로 찾는다.

② 이분검색: 전화번호부는 " 가나다" 순으로 되어있으므로 먼저 " ㅎ" 이 있을 만한 곳으로 넘겨본 후 앞뒤로 뒤적여가며 찾는다.

▶ 순차 검색

- 문제: n개 키로 구성된 배열 S에서 키 x가 있는가?
- 입력: 양의 변수 n, 1에서 n끼지의 첨지를 기진 키의 배열 S, 키 x
- 출력: S에 x의 위치를 가리키는 location(S에 x가 없으면 0)
- 알고리즘:

```
index seqsearch(int n, keytype[] S, keytype x)
{
  index location;
  location=1;
  while(location<=n && S[location]!=x)
    location++;
```

```
    if(location>n)
      location=0;
  return location;
}
```

▶ 이분 검색 – **분할정복법**

- 문제: n개 키로 구성된 배열 S에서 키 x가 있는가?
- 입력: 양의 변수 n, 비내림차순으로 정렬된 키의 배열 S, 키 x
- 출력: S에 x의 위치를 가리키는 location(S에 x가 없으면 0)
- 알고리즘 1:

```
index binsearch(int n, keytype[] S, keytype x)
{
  index location, low, high, mid;
  low=1; high=n;
  location=0;
  while (low<=high && location==0) {
    mid=⌊ (low+high)/2⌋ ;
    if(x==S[mid])
      location = mid;
    else if (x<S[mid])
      high=mid-1;
    else
      low=mid+1;
  }
  return location;
}
```

- 알고리즘 2:

```
BinarySearch(A[0..N-1], value, low, high) {
  if (high < low)
```

```
        return -1 // not found
    mid = (low +  high) / 2
    if (A[mid] > value)
        return BinarySearch(A[0..N-1], value, low, mid-1)
    else if (A[mid] < value)
        return BinarySearch(A[0..N-1], value, mid+1, high)
    else
        return mid // found
}
```

▶ 피보나찌 수열

- 문제: 피보나찌 수열에서 n번째 항을 결정하라.

  피보나찌 수열은 다음과 같이 재귀적으로 정의된다.

  $f_0 = 0$
  $f_1 = 1$
  $f_n = f_{n-1} + f_{n-2}$ ($n \geq 2$일 때)

- 입력: 음이 아닌 정수
- 출력: fib, 피보나찌 수열에서 n번째 항
- 알고리즘 1 - **재귀적 방법**

```
int fib1 (int n)
{
    if (n<=1)
        return n;
    else
        return fib1(n-1)+fib1(n-2);
}
```

- 알고리즘 2 - **반복적 방법**

```
int fib2 (int n)
{
```

```
        index i;
        int[] f=new int[n+1];
        f[0]=0;
        if (n>0) {
          f[1]=1;
          for (i=2; i<=n; i++)
            f[i]=f[i-1]+f[i-2];
        }
        return f[n];
    }
```

## 3. 예비예제

**문 제 1**

◎ 2개의 양의 정수 m과 n의 최대공약수, gcd(m, n)을 구하는 Euclid 알고리즘을 자연어와 알고리즘 언어로 작성하시오.

gcd(m, n)=gcd(n, m mod n)

예) gcd(60, 24)=gcd(24, 12)=gcd(12, 0)=12

**해 답**

◎ 자연어

gcd(m, n) 계산을 위한 Euclid 알고리즘

**단계 1**: 만일 n=0이면, 정답으로 m의 값을 반환하고 중지한다; 아니면, 단계 2로 간다.

**단계 2**: n으로 m을 나누고 나머지 값을 r에 할당한다.

**단계 3**: n의 값을 m에, r의 값을 n에 할당한다. 단계 1로 간다.

◎ 알고리즘 언어

(1) 문제: Euclid의 알고리즘으로 gcd(m, n) 계산하시오.

(2) 입력: 2개의 양의 정수 m, n

(3) 출력: m과 n의 최대공약수

```
ALGORITHM Euclid(m, n)
{
  while (n≠0) {
    r=m mod n;
    m=n;
    n=r;
  }
  return m;
}
```

## 문 제 2

배열에 10개의 정수 값을 저장한 후, 어떤 정수 값을 찾는 순차 검색 알고리즘을 Java 언어로 코딩하고, 그 실행 결과를 보이시오.

## 해 답

▶ Java 프로그램

```
class ArrayApp
  {
  public static void main(String[] args)
    {
    long[] arr;                  // reference to array
    arr = new long[100];         // make array
    int nElems = 0;              // number of items
    int j;                       // loop counter
    long searchKey;              // key of item to search for
//--------------------------------------------------------------
    arr[0] = 77;                 // insert 10 items
    arr[1] = 99;
    arr[2] = 44;
    arr[3] = 55;
    arr[4] = 22;
    arr[5] = 88;
    arr[6] = 11;
    arr[7] = 00;
```

```
      arr[8] = 66;
      arr[9] = 33;
      nElems = 10;                // now 10 items in array
//--------------------------------------------------------------
      for(j=0; j<nElems; j++)      // display items
        System.out.print(arr[j] + " ");
      System.out.println("");
//--------------------------------------------------------------
      searchKey = 66;             // find item with key 66
      for(j=0; j<nElems; j++)          // for each element,
        if(arr[j] == searchKey)       // found item?
          break;                  // yes, exit before end
      if(j == nElems)               // at the end?
        System.out.println("Can't find " + searchKey); // yes
      else
        System.out.println("Found " + searchKey);     // no
//--------------------------------------------------------------
      searchKey = 55;             // delete item with key 55
      for(j=0; j<nElems; j++)           // look for it
      if(arr[j] == searchKey)
        break;
      for(int k=j; k<nElems; k++)       // move higher ones down
        arr[k] = arr[k+1];
      nElems--;                     // decrement size
//--------------------------------------------------------------
      for(j=0; j<nElems; j++)      // display items
        System.out.print( arr[j] + " ");
      System.out.println("");
      } // end main()
    } // end class ArrayApp
```

▶ 실행결과

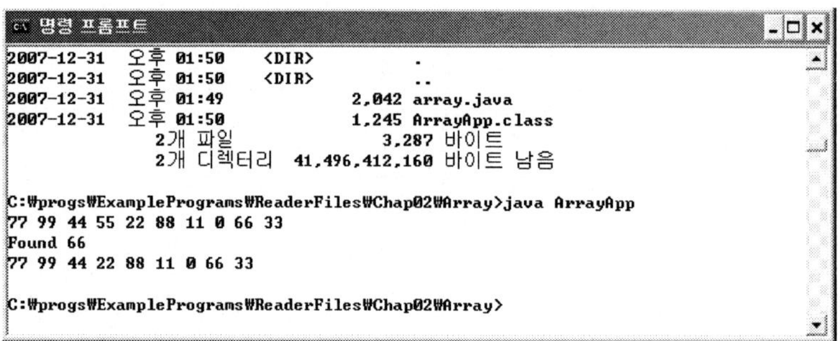

## 4. 실습문제

| 문 제 1 |
| --- |
| ◎ 학급에서 키가 가장 큰 학생과 가장 작은 학생을 동시에 찾는 2가지 자연어 알고리즘을 작성하시오. |

| 해 답 |
| --- |
| (1)<br><br>(2) |

## 문 제 2

◎ 다음 알고리즘을 무엇을 계산하는 것인지를 설명하시오

(1) 입력: 실수 행렬 A[0..n−1, 0..n−1]

(2) 알고리즘:

```
ALGORITHM Enigma(A[0..n−1, 0..n−1])
for (i=0; i<=n−2; i++) {
  for (j=i+1; j<=n−1; j++) {
    if (A[i, j]≠A[j, i])
      return false;
  }
}
return true;
```

## 해 답

## 문 제 3

다음 Java 프로그램을 입력하여 실행한 후, 이 프로그램의 기능을 설명하고 그 실행 결과를 보이시오.

---

```
class HighArray
  {
  private long[] a;                // ref to array a
  private int nElems;               // number of data items
  //------------------------------------------------------------
  public HighArray(int max)         // constructor
    {
```

```
   a = new long[max];              // create the array
   nElems = 0;                     // no items yet
   }
//-----------------------------------------------------------
public boolean find(long searchKey)
   {                               // find specified value
   int j;
   for(j=0; j<nElems; j++)         // for each element,
      if(a[j] == searchKey)        // found item?
         break;                    // exit loop before end
   if(j == nElems)                 // gone to end?
      return false;                // yes, can't find it
   else
      return true;                 // no, found it
   } // end find()
//-----------------------------------------------------------
public void insert(long value)    // put element into array
   {
   a[nElems] = value;              // insert it
   nElems++;                       // increment size
   }
//-----------------------------------------------------------
public boolean delete(long value)
   {
   int j;
   for(j=0; j<nElems; j++)         // look for it
      if( value == a[j] )
         break;
   if(j==nElems)                   // can't find it
      return false;
   else                            // found it
      {
      for(int k=j; k<nElems; k++) // move higher ones down
         a[k] = a[k+1];
      nElems--;                    // decrement size
      return true;
      }
   } // end delete()
//-----------------------------------------------------------
public void display()              // displays array contents
   {
   for(int j=0; j<nElems; j++)     // for each element,
      System.out.print(a[j] + " "); // display it
   System.out.println("");
   }
//-----------------------------------------------------------
} // end class HighArray
```

```
////////////////////////////////////////////////////////////////
class HighArrayApp
  {
  public static void main(String[] args)
    {
    int maxSize = 100;            // array size
    HighArray arr;                // reference to array
    arr = new HighArray(maxSize); // create the array

    arr.insert(77);               // insert 10 items
    arr.insert(99);
    arr.insert(44);
    arr.insert(55);
    arr.insert(22);
    arr.insert(88);
    arr.insert(11);
    arr.insert(00);
    arr.insert(66);
    arr.insert(33);

    arr.display();                // display items

    int searchKey = 35;           // search for item
    if( arr.find(searchKey) )
      System.out.println("Found " + searchKey);
    else
      System.out.println("Can't find " + searchKey);

    arr.delete(00);               // delete 3 items
    arr.delete(55);
    arr.delete(99);

    arr.display();                // display items again
    }  // end main()
  }  // end class HighArrayApp
```

| 해 답 |
| --- |
| |

| 담당교수 | 확인 |
| --- | --- |

# 제 2 장 알고리즘 분석과 차수

## 1. 학습목표

알고리즘의 효율성을 결정하기 위하여 알고리즘의 성능을 분석한다. 알고리즘의 성능은 시간 복잡도와 공간 복잡도로 평가되어진다. 따라서 이 장에서는 알고리즘의 시간 복잡도(time complexity)와 공간 복잡도(memory complexity) 그리고 알고리즘 차수(Order)를 구하는 방법을 설명한다.

## 2. 예비지식

### (1) 기본 개념

▶ 입력 크기: 배열안의 아이템의 개수. 예) 정렬 알고리즘의 정렬할 키의 개수

▶ 단위 연산: 입력크기에 대해 수행되는 명령문이나 명령문 군

▶ 시간 복잡도: 입력크기의 값에 대해서 단위 연산을 몇 번 수행하는 지를 계산하는 것

▶ 공간 복잡도: 알고리즘을 실행하여 종료할 때까지 필요한 기억장치의 크기

### (2) 시간 복잡도

▶ 모든 경우 분석(Every-case analysis), T(n)

✓ 입력크기에만 종속

✓ 입력 값과는 무관하게 결과 값은 항상 일정

▶ 최악의 경우 분석(Worst-case analysis), W(n)

✓ 입력크기와 입력 값 모두에 종속

✓ 단위연산이 수행되는 횟수가 최대인 경우 선택

▶ 평균의 경우 분석(Average-case analysis), A(n)

✓ 입력크기와 입력 값 모두에 종속

✓ 모든 입력에 대해서 단위연산이 수행되는 기대치(평균)

✓ 각 입력에 대해서 확률 할당 가능

✓ 일반적으로 최악의 경우보다 계산이 복잡

▶ 최선의 경우 분석(Best-case analysis), B(n)

✓ 입력크기와 입력 값 모두에 종속

✓ 단위연산이 수행되는 횟수가 최소인 경우 선택

▶ 시간 복잡도 분석 예

■ 교환정렬

- 문제: 비내림차순으로 n개의 키를 정렬하라.
- 입력: 양의 정수 n, 키의 배열 S(첨자는 1부터 n까지)
- 출력: 키가 비내림차순으로 정렬된 배열 S
- 알고리즘:

```
void exchangesort(int n, keytype[] S)
{
  index i, j;
  for (i=1; i<=n-1; i++)
    for (j=i+1; j<=n; j++)
      if (S[j]<S[i])
        exchange S[i] with S[j];
}
```

- 단위연산: 조건문 ($S$[j]와 $S$[i]의 비교)
- 입력크기: 정렬할 항목의 수 $n$
- 모든 경우 시간복잡도

✓ j-루프가 수행될 때마다 조건문 1번씩 수행

✓ 조건문의 총 수행회수

- i=1일 때 j-루프 n-1번 수행

- i=2일 때 j-루프 n-2번 수행
- i=3일 때 j-루프 n-3번 수행

  ...
- i=n-1일 때 j-루프 1번 수행

$$\therefore\ T(n) = (n-1) + (n-2) + \cdot \cdot \cdot + 1 = \sum_{i=1}^{n-1} i = \frac{n(n-1)}{2}$$

■ 순차검색

- 단위연산: 배열의 아이템과 키 $x$와 비교 연산 (S[location] != x)
- 입력크기: 배열 안에 있는 항목의 개수 $n$
- 최선 경우 시간복잡도

  √ $x$가 $S[1]$일 때, 입력의 크기에 상관없이 단위연산이 1번만 수행된다.

  ∴ B(n)=1
- 최악 경우 시간복잡도

  √ $x$가 배열의 마지막 아이템이거나, $x$가 배열에 없는 경우 단위연산이 n번 수행된다.

  ∴ W(n)=n
- 평균 경우 시간복잡도

  ① x가 배열 S에 있는 경우

  √ 1≤k≤n인 모든 k에 대해 x가 배열의 k번째에 위치할 확률은 $\frac{1}{n}$이다.

  √ 만일 x가 k번째에 위치한다면, x를 찾는데 수행되는 단위연산의 횟수는 k이다.

$$\therefore\ A(n) = \sum_{k=1}^{n} (k \times \frac{1}{n}) = \frac{1}{n} \times \sum_{k=1}^{n} k = \frac{1}{n} \times \frac{n(n+1)}{2} = \frac{n+1}{2}$$

  ② x가 배열 S에 없는 경우도 고려한 경우

  √ x가 배열 S에 있을 확률을 p라고 하면, x가 배열 S의 k번째에 있을 확률은 $\frac{p}{n}$이고, x가 배열 S에 없을 확률은 $1-p$이다.

  √ x를 배열 S의 k번째 위치에서 찾는 경우 비교연산을 k번 수행하고,

x가 배열 S에 없을 때 비교연산을 n번 수행한다.

$$\therefore\ A(n) = \sum_{k=1}^{n}(k \times \frac{p}{n}) + n(1-p)$$
$$= \frac{p}{n} \times \frac{n(n+1)}{2} + n(1-p)$$
$$= n(1 - \frac{p}{2}) + \frac{p}{2}$$

√ 만일 p=1이면, $A(n) = \frac{(n+1)}{2}$ 이고, p=1/2이면 $A(n) = \frac{3n}{4} + \frac{1}{4}$ 이다.

## (4) 정확도 분석

▶ 알고리즘이 의도한 대로 수행되는지를 증명하는 절차

√ 정확한 알고리즘: 어떠한 입력에 대해서도 해답을 출력하면서 멈추는 알고리즘

## (5) 차수(Order)

▶ 점근적 상한(asymptotic upper bound), $O(big\, O)$

√ 정의: 주어진 복잡도 함수 f(n)에 대해, O(f(n))은 n≥N을 만족하는 모든 n에 대해 다음 부등식을 만족하는 양의 실수 c와 음이 아닌 정수 N이 존재하는 복잡도 함수 g(n)의 집합이다.

$$g(n) \le c \times f(n)$$

√ g(n)의 수행시간은 f(n)보다 좋다.

√ 예) $T(n) = \frac{n(n-1)}{2} \in O(n^2)$임을 보이시오.

<증명> $\frac{n(n-1)}{2} \le \frac{n(n)}{2} = \frac{1}{2}n^2$

$c = \frac{1}{2}$과 N=0을 선택하면, 위의 부등식은 $n \ge 0$인 모든 n에 대해 항상 성립한다. 따라서 $T(n) \in O(n^2)$이다.

√ 예) $\frac{5}{n} \in O(\frac{1}{n})$임을 보이시오.

<증명> $\frac{5}{n} \leq 5(\frac{1}{n})$

c=5와 N=1을 선택하면, 위의 부등식은 n≥1인 모든 n에 대해 항상 성립한다. 따라서 $\frac{5}{n} \in O(\frac{1}{n})$이다.

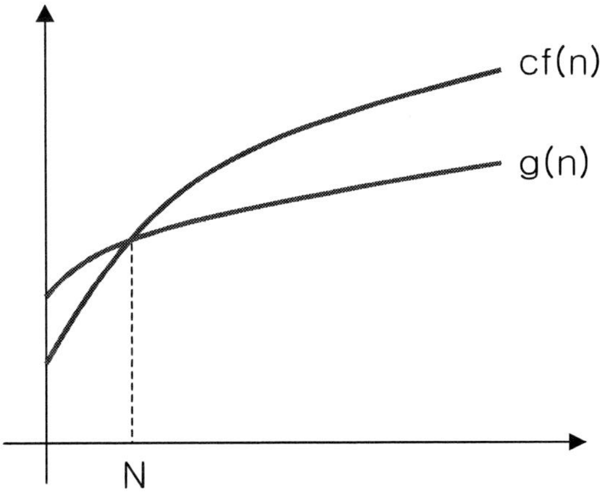


$g(n) \in O(f(n))$

▶ 점근적 하한(asymptotic lower bound), $\Omega$(omega)

√ 정의: 주어진 복잡도 함수 f(n)에 대해, Ω(f(n))은 n≥N을 만족하는 모든 n에 대해 다음 부등식을 만족하는 양의 실수 c와 음이 아닌 정수 N이 존재하는 복잡도 함수 g(n)의 집합이다.

$$g(n) \geq c \times f(n)$$

√ g(n)의 수행시간은 f(n)보다 나쁘다.

√ 예) $T(n) = \frac{n(n-1)}{2} \in \Omega(n^2)$임을 보이시오.

<증명> n≥2인 모든 n에 대해, $n-1 \geq \frac{n}{2}$이므로

$\frac{n(n-1)}{2} \geq \frac{1}{4}n^2$이다.

$c = \frac{1}{4}$과 N=2를 선택하면, n≥2인 모든 n에 대해 위의 부등식은 항상

성립한다. 따라서 $T(n) = \frac{n(n-1)}{2} \in \Omega(n^2)$이다.

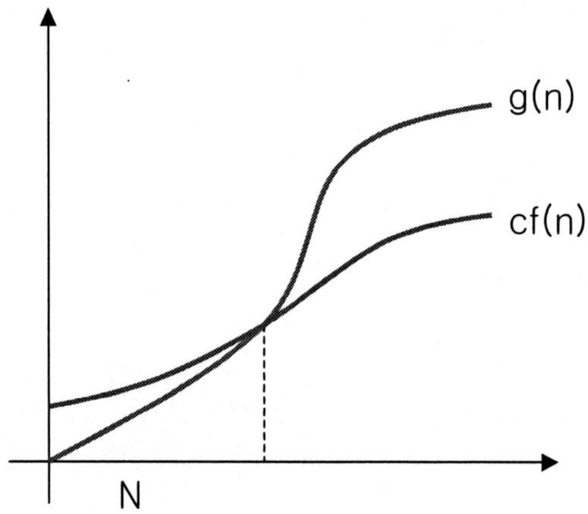


$g(n) \in \Omega(f(n))$

▶ 점근적 밀한(asymptotic tight bound)

√ 주어진 복잡도 함수 f(n)에 대해, 다음과 같이 정의한다.

$$\Theta(f(n)) = O(f(n)) \cap \Omega(f(n))$$

Θ(f(n))은 n≥N을 만족하는 모든 n에 대해 다음 부등식을 만족하는 양의 실수 c, d와 음이 아닌 정수 N이 존재하는 복잡도 함수 g(n)의 집합이다.

$$c \times f(n) \le g(n) \le d \times f(n)$$

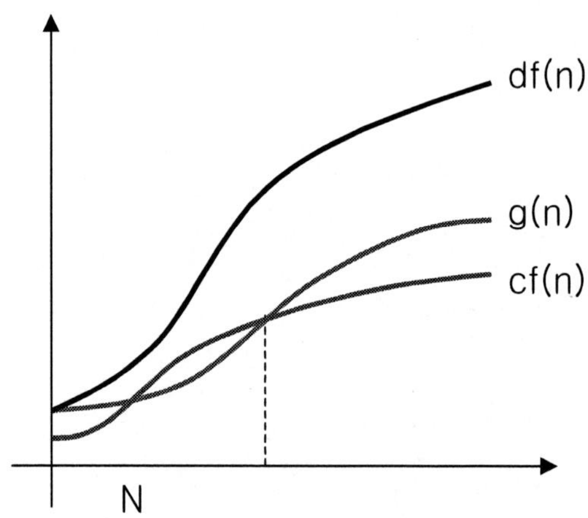


$g(n) \in \Theta(f(n))$

√ g(n)의 수행시간은 df(n)보다 좋고 cf(n)보다 나쁘다.

만일 $g(n) \in \Theta(f(n))$이면, g(n)은 f(n)의 차수(order)라고 한다.

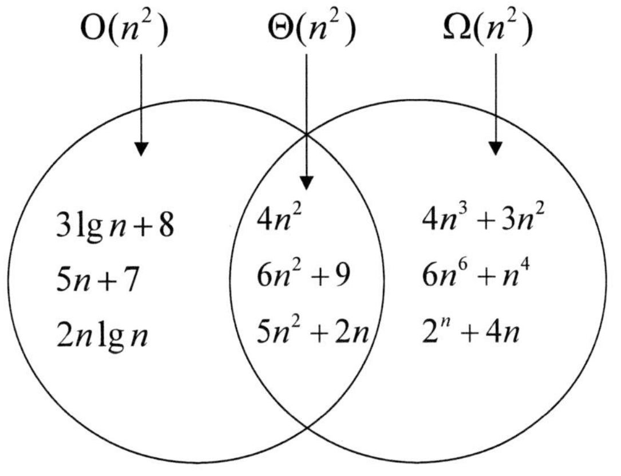


$$\Theta(n^2) = O(n^2) \cap \Omega(n^2)$$

√ 예) 이전 예에서 $T(n) = \frac{n(n-1)}{2}$은 $O(n^2)$에도 속하고, $\Omega(n^2)$에도 속한다.

따라서 $T(n) \in O(n^2) \cap \Omega(n^2) = \Theta(n^2)$이다.

▶ 다양한 차수의 효율성

| n | logn | n | nlogn | $n^2$ | $n^3$ | $2^n$ |
|---|---|---|---|---|---|---|
| 2 | 1 | 2 | 2 | 4 | 8 | 4 |
| 4 | 2 | 4 | 8 | 16 | 64 | 16 |
| 8 | 3 | 8 | 24 | 64 | 512 | 256 |
| 16 | 4 | 16 | 64 | 256 | 4,096 | 65,536 |
| 32 | 5 | 32 | 160 | 1,024 | 32,768 | 4,294,967 |
| 64 | 6 | 64 | 384 | 4,096 | 262,144 | $1.84\times10^{19}$ |
| 128 | 7 | 128 | 896 | 16,384 | 2,097,152 | $3.40\times10^{38}$ |
| 256 | 8 | 256 | 2,048 | 65,536 | 16,777,216 | $1.15\times10^{77}$ |
| 512 | 9 | 512 | 4,608 | 262,144 | 134,217,728 | $1.34\times10^{154}$ |
| 1,024 | 10 | 1,024 | 10,240 | 1,048,576 | 1,073,741,824 | $1.79\times10^{308}$ |

▶ o(small o)

√ 정의: 주어진 복잡도 함수 f(n)에 대해, $o(f(n))$은 모든 양의 정수 c에 대해 n≥N을 만족하는 **모든** n에 대해 다음 부등식을 만족하는 음이 아닌 정수 N이 존재하는 모든 복잡도 함수 g(n)의 집합이다.

$$g(n) \leq c \times f(n)$$

√ 만일 $g(n) \in o(f(n))$이면, $g(n) \in O(f(n)) - \Omega(f(n))$이다.

▶ 차수 비교를 위해 극한 사용

$$\lim_{n \to \infty} \frac{g(n)}{f(n)} = \begin{cases} c \ \ implies \ g(n) \in \Theta(f(n)) \text{ if } c > 0 \\ 0 \ \ implies \ g(n) \in o(f(n)) \\ \infty \ implies \ f(n) \in o(g(n)) \end{cases}$$

## 3. 예비예제

**문 제 1**

다음은 주어진 배열내의 모든 원소들이 별개인지 검사하는 알고리즘이다. 최악 경우 알고리즘 성능, W(n)을 구하시오.

입력: 배열 A[0..n−1]

출력: 배열 A내의 모든 원소들이 별개일 때 "참"을, 아니면 "거짓"을 반환한다.

```
ALGORITHM UniqueElements(A[0..n-1])
for (i=0; i<=n-2; i++)
  for (j=i+1; j<=n-1; j++)
    if A[i]=A[j] return false;
return true;
```

**해 답**

− 단위연산: 2 원소를 비교하는 비교 연산

$$- \ W(n) = \sum_{i=0}^{n-2} \sum_{j=i+1}^{n-1} 1 = \sum_{i=0}^{n-2} [(n-1)-(i+1)+1] = \sum_{i=0}^{n-2} (n-1-i)$$

$$= (n-1) + (n-2) + \cdot \cdot \cdot + 1 = \sum_{i=1}^{n-1} i = \frac{n(n-1)}{2} \in \Theta(n^2)$$

**문 제 2**

$20n^3 + 10nlogn + 5 \in O(n^3)$임을 보이시오.

**해 답**

n≥1에 대해, $20n^3 + 10nlogn + 5 \le 35n^3$이다.

c=35과 N=1을 선택하면, 위 부등식은 n≥1인 모든 n에 대해 항상 성립한다.

따라서 $20n^3 + 10nlogn + 5 \in O(n^3)$이다.

**문 제 3**

$\lg n \in o(n)$임을 보이시오.

**해 답**

$$\lim_{x\to\infty}\frac{\lg x}{x} = \lim_{x\to\infty}\frac{d(\lg x)/dx}{dx/dx} = \lim_{x\to\infty}\frac{1/(x\ln 2)}{1} = 0$$이므로 $\lg n \in o(n)$이다.

## 4. 실습문제

**문 제 1**

다음 알고리즘 보고 답하시오.

```
입력: 양의 정수 n
ALGORITHM Mystery(n)
S←0;
for i←1 to n do
   S← S+i*i;
return S
```

(1) 이 알고리즘은 무엇을 계산하는가?

(2) 단위연산은 무엇인가?

(3) 단위연산은 몇 번 수행되는가?

(4) 이 알고리즘의 효율성 범주는 무엇인가?

## 해 답

(1)

(2)

(3)

(4)

## 문 제 2

다음 각 항의 정확성을 보이시오.

(1) $n \in o(nlogn)$

(2) $n^3 \mathrm{logn} \in \Omega(n^3)$

(3) $3logn + loglogn \in \Theta(logn)$

| 해 답 |
| --- |
| (1)<br><br><br><br>(2)<br><br><br><br>(3) |

## 문 제 3

극한을 사용하여 a>0이면, $a^n \in o(n!)$임을 보이시오.

## 해 답

| 담당교수 | 확인 |
|---|---|

# 제 3 장 기본 자료구조

## 1. 학습목표

알고리즘을 기술하거나 구현하는데 자주 사용되는 기본 자료구조로 스택, 큐가 있다. 이 장에서는 스택과 큐에서 제공되는 기본 메서드와 그것의 Java 구현 및 응용 예를 학습한다.

## 2. 예비지식

▶ 스택(Stack)

√ 스택은 LIFO(last-in first-out) 원칙에 따라 삽입되고 제거되는 객체들의 컨테이너이다.

√ 스택 S는 다음 2가지 메서드를 제공하는 추상 자료 형(ADT, abstract data type)이다.

① push(o): 스택의 맨 위에 객체 o를 삽입한다.

② pop(): 스택의 맨 위에 있는 객체 즉, 가장 최근에 삽입된 객체를 제거하고 반환한다. 만일 스택이 비었으면 에러가 발생한다.

√ 알고리즘

```
(1) Algorithm push(o)
        if size()=N then
          indicate that a stack-full error has occurred
        t←t+1;
        S[t]←o;
(2) Algorithm pop()
        if isEmpty() then
          indicate that a stack-empty error has occurred
```

```
        e←S[t];
        S[t]←null;
        t←t-1;
        return e;
```

▶ 큐(Queue)

√ 큐는 FIFO(first-in first-out) 원칙에 따라 삽입되고 제거되는 객체들의 컨테이너이다.

√ 큐의 추상 자료 형은 다음 2가지 기본 메서드를 지원한다.

① enqueue(o): 큐의 끝에 객체 o를 삽입한다.

② dequeue(): 큐의 맨 앞부분에 있는 객체를 제거하고 반환한다. 만일 큐가 비었으면 에러가 발생한다.

√ 환형 방식의 배열 큐 사용: (a) 정상 구성, (b) 완전히 싸인 구성

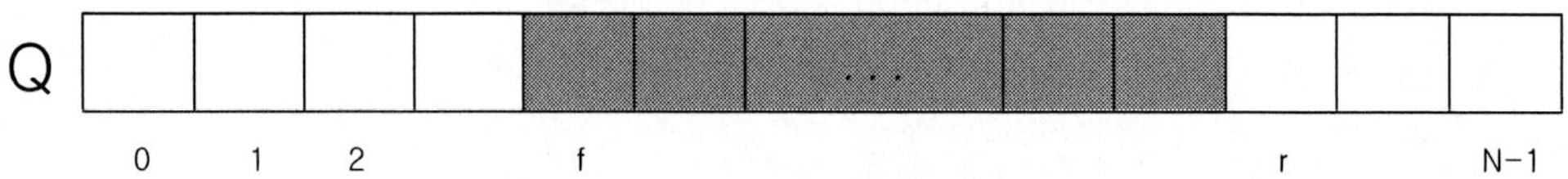


(a)

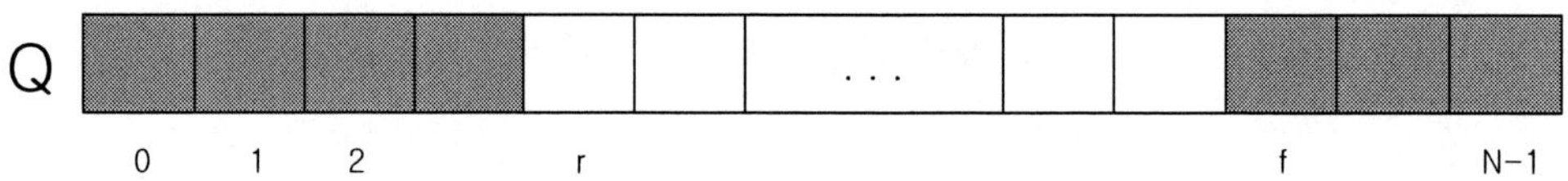


(b)

√ 알고리즘

(1) **Algorithm** dequeue()

```
        if isEmpty() then
          throw a QueueEmptyException
        temp←Q[f];
        Q[f]←null;
        f←(f+1) mod N;
        return temp;
```

(2) **Algorithm** enqueue(o)

```
if size() = N-1 then
  throw a QueueFullException
Q[r]←o;
r←(r+1) mod N;
```

## 3. 예비예제

**문 제 1**

최대 10개의 정수를 저장할 수 있는 스택을 만들고, 20, 40, 60, 80을 push한 Java 프로그램을 작성하고, 그 실행결과를 보이시오. 여기서 스택은 부수적으로 스택의 맨 위에 있는 객체를 제거하지 않고 그 값을 읽는 peek() 메서드, 스택이 비었는지 검사하는 isEmpty() 메서드, 스택이 가득 차 있는지를 검사하는 isFull() 메서드를 지원한다.

**해 답**

▶ Java 프로그램

```
class StackX
   {
   private int maxSize;          // size of stack array
   private long[] stackArray;
   private int top;              // top of stack
//--------------------------------------------------------------
   public StackX(int s)          // constructor
      {
      maxSize = s;               // set array size
      stackArray = new long[maxSize];  // create array
      top = -1;                  // no items yet
      }
//--------------------------------------------------------------
   public void push(long j)      // put item on top of stack
      {
      stackArray[++top] = j;     // increment top, insert item
      }
//--------------------------------------------------------------
   public long pop()             // take item from top of stack
      {
      return stackArray[top--];  // access item, decrement top
      }
```

```
//--------------------------------------------------------------
   public long peek()            // peek at top of stack
      {
      return stackArray[top];
      }
//--------------------------------------------------------------
   public boolean isEmpty()     // true if stack is empty
      {
      return (top == -1);
      }
//--------------------------------------------------------------
   public boolean isFull()      // true if stack is full
      {
      return (top == maxSize-1);
      }
//--------------------------------------------------------------
   }  // end class StackX
////////////////////////////////////////////////////////////////
class StackApp
   {
   public static void main(String[] args)
      {
      StackX theStack = new StackX(10);  // make new stack
      theStack.push(20);               // push items onto stack
      theStack.push(40);
      theStack.push(60);
      theStack.push(80);

      while( !theStack.isEmpty() )     // until it's empty,
         {                             // delete item from stack
         long value = theStack.pop();
         System.out.print(value);      // display it
         System.out.print(" ");
         }  // end while
      System.out.println("");
      }  // end main()
   }  // end class StackApp
////////////////////////////////////////////////////////////////
```

▶ 실행결과

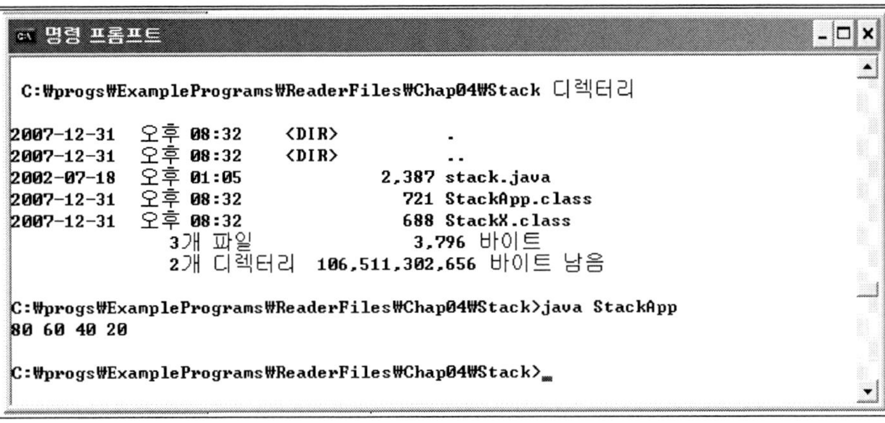


## 문 제 2

최대 5개의 정수를 저장할 수 있는 큐를 만들고, 4개의 값(10, 20, 30, 40)을 삽입한 다음, 3개의 값을 제거하고, 새로운 4개의 값(50, 60, 70, 80)을 삽입하는 Java 프로그램을 작성하고, 그 결과를 보이시오. 여기서 큐는 부수적으로 큐의 전단에 있는 객체를 제거하지 않고 그 값을 읽는 peekFront() 메서드, 큐가 비었는지 검사하는 isEmpty() 메서드, 큐가 가득 찬지를 검사하는 isFull() 메서드, 큐내의 항목의 개수를 반환하는 size() 메서드를 지원한다.

## 해 답

▶ Java 프로그램

```
class Queue
   {
   private int maxSize;
   private long[] queArray;
   private int front;
   private int rear;
   private int nItems;
//--------------------------------------------------------------
   public Queue(int s)          // constructor
      {
      maxSize = s;
      queArray = new long[maxSize];
      front = 0;
      rear = -1;
      nItems = 0;
      }
//--------------------------------------------------------------
```

```
   public void insert(long j)   // put item at rear of queue
      {
      if(rear == maxSize-1)          // deal with wraparound
         rear = -1;
      queArray[++rear] = j;          // increment rear and insert
      nItems++;                      // one more item
      }
//--------------------------------------------------------------
   public long remove()         // take item from front of queue
      {
      long temp = queArray[front++]; // get value and incr front
      if(front == maxSize)           // deal with wraparound
         front = 0;
      nItems--;                      // one less item
      return temp;
      }
//--------------------------------------------------------------
   public long peekFront()      // peek at front of queue
      {
      return queArray[front];
      }
//--------------------------------------------------------------
   public boolean isEmpty()    // true if queue is empty
      {
      return (nItems==0);
      }
//--------------------------------------------------------------
   public boolean isFull()     // true if queue is full
      {
      return (nItems==maxSize);
      }
//--------------------------------------------------------------
   public int size()           // number of items in queue
      {
      return nItems;
      }
//--------------------------------------------------------------
   }  // end class Queue
////////////////////////////////////////////////////////////////
class QueueApp
   {
   public static void main(String[] args)
      {
      Queue theQueue = new Queue(5);  // queue holds 5 items

      theQueue.insert(10);            // insert 4 items
      theQueue.insert(20);
```

```
      theQueue.insert(30);
      theQueue.insert(40);

      theQueue.remove();                // remove 3 items
      theQueue.remove();                //    (10, 20, 30)
      theQueue.remove();

      theQueue.insert(50);              // insert 4 more items
      theQueue.insert(60);              //    (wraps around)
      theQueue.insert(70);
      theQueue.insert(80);

      while( !theQueue.isEmpty() )      // remove and display
         {                              //    all items
         long n = theQueue.remove();   // (40, 50, 60, 70, 80)
         System.out.print(n);
         System.out.print(" ");
         }
      System.out.println("");
      }  // end main()
   }  // end class QueueApp
////////////////////////////////////////////////////////////////
```

▶ 실행 결과

```
명령 프롬프트

C:₩progs₩ExamplePrograms₩ReaderFiles₩Chap04₩Queue 디렉터리

2007-12-31  오후 10:54    <DIR>          .
2007-12-31  오후 10:54    <DIR>          ..
2007-12-31  오후 10:54               925 Queue.class
2002-07-18  오후 01:13             3,103 queue.java
2007-12-31  오후 10:54               831 QueueApp.class
               3개 파일               4,859 바이트
               2개 디렉터리  106,449,178,624 바이트 남음

C:₩progs₩ExamplePrograms₩ReaderFiles₩Chap04₩Queue>java QueueApp
40 50 60 70 80

C:₩progs₩ExamplePrograms₩ReaderFiles₩Chap04₩Queue>
```

# 4. 실습문제

| 문 제 |
| --- |
| 스택 자료구조를 사용하여 단어를 반대로 뒤집는 Java 프로그램을 작성하고, 그 실행결과를 보이시오.<br>예) part → trap |

| 해 답 |
| --- |
| ▶ Java 프로그램<br><br><br><br>▶ 실행결과<br><br><br> |

| 담당교수 | 확인 |
| --- | --- |

# 제 4 장 고급 자료구조

## 1. 학습목표

알고리즘을 기술하거나 구현하는데 사용되는 고급 자료구조로 우선순위 큐와 트리가 있다. 이 장에서는 우선순위 큐와 트리에서 제공되는 기본 메서드와 그것의 Java 구현 및 응용 예를 학습한다.

## 2. 예비지식

▶ 우선순위 큐(Priority queue)

√ 보통 큐와 마찬가지로 우선순위 큐(PQ, priority queue)는 전단(front)과 후단(rear)을 가지고, 항목들은 전단으로부터 제거된다. 그러나 우선순위 큐에서, 항목들은 키 값에 의해 정렬되어진다. 항목들은 순서를 유지하기 위하여 적절한 위치에 삽입된다.

√ 우선순위 큐는 그 요소가 삽입되는 시점에 제공되는 관련된 키를 가지는 원소들의 컨테이너이다. 키들이 제거되어질 원소를 선택하기 위하여 사용되는 "우선순위"를 결정한다.

√ 우선순위 큐의 기본 메서드는 다음과 같다.

① insertItem(k, e): 키 k를 갖는 원소 e를 PQ에 삽입한다.

② removeItem(): PQ로 부터 최소키 또는 최고키를 갖는 원소를 제거하고 반환한다.

▶ 트리(Tree)

√ 트리는 계층적으로 원소들을 저장하는 추상자료형이다. 맨 위 원소(root)를 제외하고, 트리의 각 원소는 부모(parent) 원소와 0개 또는 그 이상의 자식(children) 원소들을 가진다.

√ 트리 T는 다음 속성을 갖는 부모-자식 관계로 원소들을 저장하는 노드들의 집합이다.

① T는 T의 루트(root)라 부르는 특별한 노드 r을 가잔다.

② r을 제외한 T의 각 노드 v는 부모 노드 u를 가진다.

√ 구문 분석을 위한 문장의 트리 구조 예

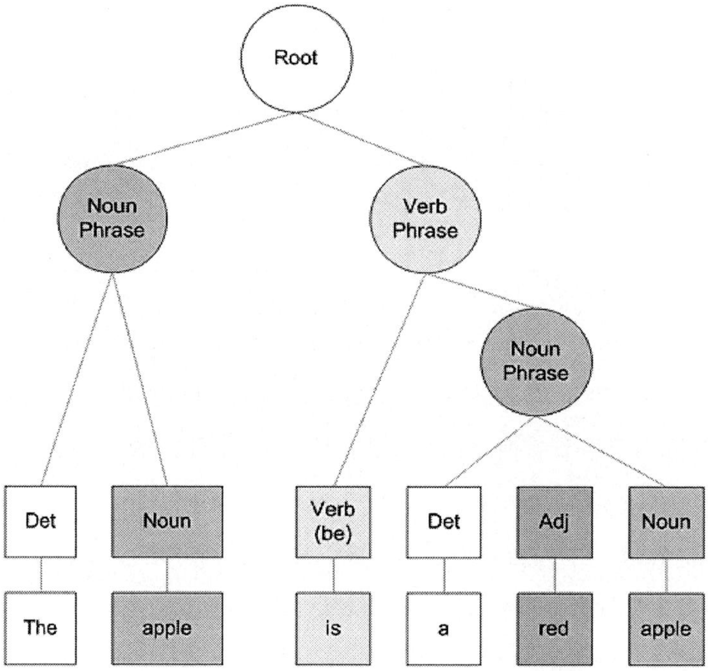


√ 동일한 부모의 자식인 2 노드들은 형제(siblings)이다. 자식이 없는 노드는 external이고 하나 또는 그 이상의 자식이 있는 노드는 internal이다. 어떤 노드의 조상(ancestor)은 그 노드의 부모의 조상이다. 역으로, *u*가 *v*의 조상이면 노드 *v*는 노드 *u*의 자손(descendent)이다.

√ 트리는 다음과 같은 액세스 메서드를 제공하는 추상 자료 형이다.

① root(): 그 트리의 루트를 반환한다.

② parent(v): 노드 v의 부모를 반환한다. 만일 v가 루트이면 에러가 발생한다.

③ children(v): 노드 v의 자식들의 반복자(iterator)를 반환한다.

## 3. 예비예제

**문 제 1**

최대 5개의 정수를 저장할 수 있는 우선순위 큐를 만든다. 여기서 최소값을 갖는 것이 우선순위가 높다고 가정한다. 5개의 정수를 무작위로 삽입한 후, 그 정수들이 우선수위 큐에 우선순위대로 저장된 결과를 보이는 Java 프로그램과 실행결과를 보이시오.

**해 답**

▶ Java 프로그램

```
class PriorityQ
   {
   // array in sorted order, from max at 0 to min at size-1
   private int maxSize;
   private long[] queArray;
   private int nItems;
//-------------------------------------------------------------
   public PriorityQ(int s)          // constructor
      {
      maxSize = s;
      queArray = new long[maxSize];
      nItems = 0;
      }
//-------------------------------------------------------------
   public void insert(long item)    // insert item
      {
      int j;

      if(nItems==0)                         // if no items,
         queArray[nItems++] = item;          // insert at 0
      else                              // if items,
         {
         for(j=nItems-1; j>=0; j--)          // start at end,
            {
            if( item > queArray[j] )       // if new item larger,
               queArray[j+1] = queArray[j]; // shift upward
            else                        // if smaller,
               break;                   // done shifting
            }  // end for
```

```
         queArray[j+1] = item;              // insert it
         nItems++;
         }  // end else (nItems > 0)
      }  // end insert()
//------------------------------------------------------------
   public long remove()              // remove minimum item
      { return queArray[--nItems]; }
//------------------------------------------------------------
   public long peekMin()             // peek at minimum item
      { return queArray[nItems-1]; }
//------------------------------------------------------------
   public boolean isEmpty()          // true if queue is empty
      { return (nItems==0); }
//------------------------------------------------------------
   public boolean isFull()          // true if queue is full
      { return (nItems == maxSize); }
//------------------------------------------------------------
   }  // end class PriorityQ
////////////////////////////////////////////////////////////////
class PriorityQApp
   {
   public static void main(String[] args)
      {
      PriorityQ thePQ = new PriorityQ(5);
      thePQ.insert(30);
      thePQ.insert(50);
      thePQ.insert(10);
      thePQ.insert(40);
      thePQ.insert(20);

      while( !thePQ.isEmpty() )
         {
         long item = thePQ.remove();
         System.out.print(item + " ");  // 10, 20, 30, 40, 50
         }  // end while
      System.out.println("");
      }  // end main()
//------------------------------------------------------------
   }  // end class PriorityQApp
////////////////////////////////////////////////////////////////
```

▶ 실행 결과

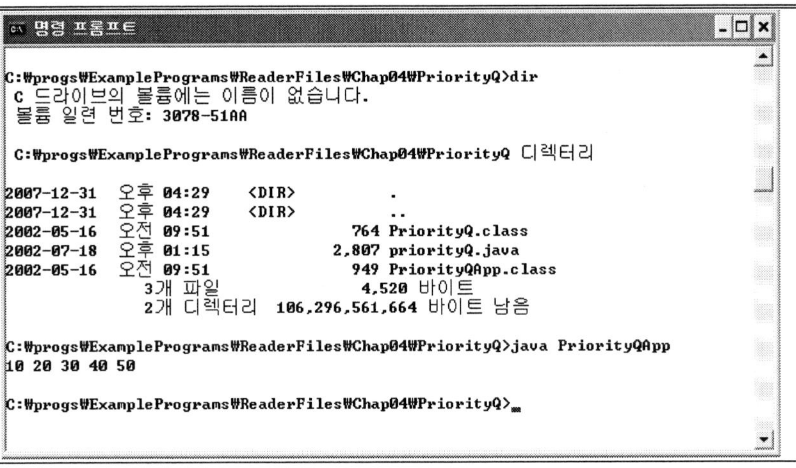


## 문 제 2

(키 데이터 항목, 데이터 항목) 쌍으로 구성된 11개의 데이터 값으로 이진 트리를 구성하고 Preorder 운행 순서를 출력하는 Java 프로그램을 작성하고, 그 실행 결과를 보이시오.

## 해 답

▶ Java 프로그램

```
import java.io.*;
////////////////////////////////////////////////////////////////
class Node
   {
   public int iData;              // data item (key)
   public double dData;           // data item
   public Node leftChild;         // this node's left child
   public Node rightChild;        // this node's right child
   }  // end class Node
////////////////////////////////////////////////////////////////
class Tree
   {
   private Node root;             // first node of tree

//-------------------------------------------------------------
   public Tree()                  // constructor
      { root = null; }            // no nodes in tree yet
//-------------------------------------------------------------
public void insert(int id, double dd)
```

```
    {
    Node newNode = new Node();      // make new node
    newNode.iData = id;             // insert data
    newNode.dData = dd;
    if(root==null)                  // no node in root
       root = newNode;
    else                            // root occupied
       {
       Node current = root;         // start at root
       Node parent;
       while(true)                  // (exits internally)
          {
          parent = current;
          if(id < current.iData)  // go left?
             {
             current = current.leftChild;
             if(current == null)  // if end of the line,
                {                 // insert on left
                parent.leftChild = newNode;
                return;
                }
             }  // end if go left
          else                    // or go right?
             {
             current = current.rightChild;
             if(current == null)  // if end of the line
                {                 // insert on right
                parent.rightChild = newNode;
                return;
                }
             }  // end else go right
          }  // end while
       }  // end else not root
    }  // end insert()
//------------------------------------------------------------
  public void traverse()
    {
     System.out.print("\nPreorder traversal: ");
     preOrder(root);
     System.out.println();
    }
//------------------------------------------------------------
  private void preOrder(Node localRoot)
    {
    if(localRoot != null)
       {
       System.out.print(localRoot.iData + " ");
```

```
          preOrder(localRoot.leftChild);
          preOrder(localRoot.rightChild);
          }
      }
//--------------------------------------------------------------
}  // end class Tree
////////////////////////////////////////////////////////////////
class TreeApp2
{
   public static void main(String[] args)
   {
     Tree theTree = new Tree();

     theTree.insert(50, 1.5);
     theTree.insert(25, 1.2);
     theTree.insert(75, 1.7);
     theTree.insert(12, 1.5);
     theTree.insert(37, 1.2);
     theTree.insert(43, 1.7);
     theTree.insert(30, 1.5);
     theTree.insert(33, 1.2);
     theTree.insert(87, 1.7);
     theTree.insert(93, 1.5);
     theTree.insert(97, 1.5);

     theTree.traverse();
   }  // end main()
}  // end class TreeApp2
////////////////////////////////////////////////////////////////
```

▶ 실행결과

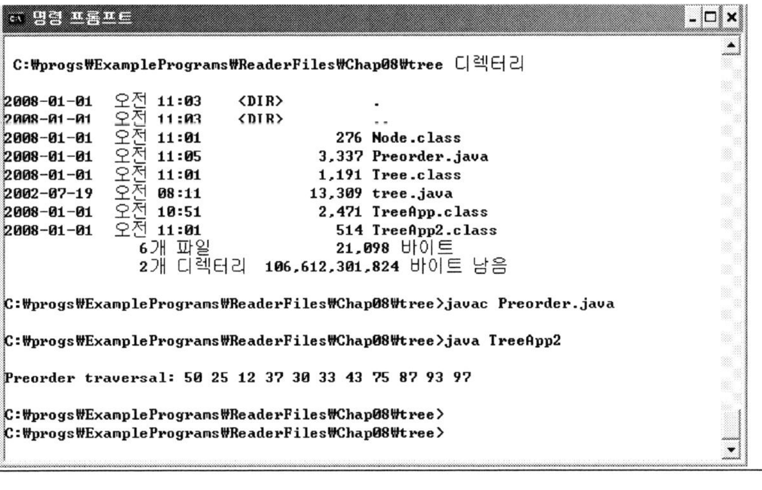

## 4. 실습문제

**문 제**

예비예제의 문제 2에서 Tree 클래스가 inOrder() 이진트리 운행 메서드와 postOrder() 이진트리 운행 메서드를 갖도록 확장하고, 운행 메서드를 사용자가 선택하면, 그 운행 메서드에 따른 운행 순서를 출력하는 Java 프로그램을 작성하고, 그 실행결과를 보이시오.

▶ **Algorithm** inOrder(T, v)

```
    if v is an internal node then
      inOrder(T, T.leftChild(v));
    perform the "visit" action for node v
    if v is an internal node then
      inOrder(T, T.rightChild(v));
```

▶ **Algorithm** postOrder(T, v)

```
    if v is an internal node then
      postOrder(T, T.leftChild(v));
      postOrder(T, T.rightChild(v));
    perform the "visit" action for the node v;
```

**해 답**

▶ Java 프로그램

▶ 실행결과

| 담당교수 | 확인 |
|---|---|

# 제 5 장 재현식(Recurrence Equations)

## 1. 학습목표

| 분할정복법으로 설계된 재귀 알고리즘(recurive algorithm)의 시간 복잡도는 재현식 또는 반복식으로 표현되어진다. 이 장에서는 재현식으로 표현된 시간 복잡도로부터 입력 크기 n에 대한 차수(다항식)를 구하는 4가지 방법을 학습한다. |
|---|

## 2. 예비지식

▶ 분할정복법으로 설계된 재귀 알고리즘(recurive algorithm)의 시간 복잡도는 재현식으로 표현되어진다.

√ 예) 1장에서 소개한 이분 검색의 최악 경우 시간 복잡도는 재현식으로 표현할 수 있다. 입력 크기 n인 배열 S에서 키 x를 찾을 때 **x와 중간 첨자 배열 값 S[mid]와 한 번 비교**하면, 가능 해 공간의 크기가 절반인 $\frac{n}{2}$로 줄어든다. 따라서 이분 검색의 최악 경우 시간 복잡도는 다음과 같은 재현식으로 표현될 수 있다.

$$W(n) = W(\frac{n}{2}) + 1$$

### (1) 지능적 추측

▶ 지능적 추론은 일반적으로 4 단계로 진행된다.

- 재현식의 몇 개의 초기 값을 계산한다.
- 일반성을 찾는다.
- 적절한 일반적인 형식을 추측한다.
- 수학적 귀납법으로 증명한다.

▶ 다음 재현식을 고려해 보자.

$$T(n) = \begin{cases} 0 & \text{if } n = 0 \\ 3T(\frac{n}{2}) + n & otherwise \end{cases}$$

– n이 2의 멱수라 가정하면,

| n | 1 | 2 | 4 | 8 | 16 | 32 |
|---|---|---|---|---|---|---|
| T(n) | 1 | 5 | 19 | 65 | 211 | 665 |

$$T(16) = 3 \times T(8) + 16 = 3 \times 65 + 16 = 211$$
$$T(4) = 3 \times T(2) + 4 = 3 \times (3 \times T(1) + 2) + 4 = 3^2 + 3^1 \times 2 + 4 = 19$$

– 일반성

| n | T(n) |
|---|---|
| 1 | 1 |
| 2 | $3 \times 1 + 2$ |
| $2^2$ | $3^2 \times 1 + 3 \times 2 + 2^2$ |
| $2^3$ | $3^3 \times 1 + 3^2 \times 2 + 3 \times 2^2 + 2^3$ |
| $2^4$ | $3^4 \times 1 + 3^3 \times 2 + 3^2 \times 2^2 + 3 \times 2^3 + 2^4$ |
| $2^5$ | $3^5 \times 1 + 3^4 \times 2 + 3^3 \times 2^2 + 3^3 \times 2^3 + 3 \times 2^4 + 2^4$ |

– 일반적인 형식(패턴)

$$T(2^k) = 3^k 2^0 + 3^{k-1} 2^1 + 3^{k-2} 2^2 + \cdots + 3^1 2^{k-1} + 3^0 2^k$$

$$= \sum_{i=0}^{k} 3^{k-i} 2^i = 3^k \sum_{i=0}^{k} \left(\frac{2}{3}\right)^i$$

$$= \frac{3^k \left(1 - \left(\frac{2}{3}\right)^{k+1}\right)}{1 - \left(\frac{2}{3}\right)}$$

$$= 3^{k+1} - 2^{k+1}$$

## (2) 특성방정식

### ① 동질 1차 재현식

▶ 정의: k와 $a_i$ 항이 상수일 때, 다음 같은 재현식을 동질 1차 재현식이라 한다.

$$a_0t_n + a_1t_{n-1} + \cdots + a_kt_{n-k} = 0 \quad \cdots\cdots \quad (5.1)$$

- $t_{n-i}t_{n-j}, t_{n-i}^2$ 등과 같은 형태의 항을 포함하지 않기 때문에 1차이다.

- $t_{n-i}$의 선형 조합은 0과 같기 때문에 동질(homogeneous)이다.

- $a_i$는 상수이기 때문에 상수 계수이다.

▶ 예: 피보나찌 수열

$f_n = f_{n-1} + f_{n-1}$

$f_n - f_{n-1} - f_{n-2} = 0$

피보나찌 수열은 $k=2, a_0=1, a_1=a_2=-1$인 상수 계수를 갖는 동질 일차 재현식에 해당한다.

▶ $f_n$과 $g_n$이 식(5.1)을 만족하면, $\sum_{i=0}^{k} a_if_{n-i} = 0$이고 $\sum_{i=0}^{k} a_ig_{n-i} = 0$이다. 그리고 임의의 상수 c와 d에 대해 $t_n = cf_n + dg_n$이라 두면, $t_n$ 역시 식(5.1)의 해이다.

$a_0t_n + a_1t_{n-1} + \cdots + a_kt_{n-k}$

$= a_0(cf_n + dg_n) + a_1(cf_{n-1} + dg_{n-1}) + \cdots + a_k(cf_{n-k} + dg_{n-k})$

$= c(a_0f_n + a_1f_{n-1} + \cdots a_kf_{n-k}) + d(a_0g_n + a_1g_{n-1} + \cdots + a_kg_{n-k})$

$= c \times 0 + d \times 0$

$= 0$

식(5.1) 형태의 재현식을 해결하는 것은 $t_n = x^n$ 형태의 해를 찾는 것이다.

$a_0x^n + a_1x^{n-1} + \cdots + a_kx^{n-k} = 0$

x=0이면 이 수식은 만족된다. 아니면,

$a_0x^k + a_1x^{k-1} + \cdots + a_k = 0$이면 이 수식은 만족된다. x의 k차 방정식을 특성방정식(characteristic equation)이라 하고,

$p(x) = a_0x^k + a_1x^{k-1} + \cdots + a_k = 0$는 그것의 특성다항식(characteristic polynomial)이라 한다.

k차수 다항식 p(x)가 정확히 k 근을 갖는다면

$p(x) = \prod_{i=1}^{k}(x - r_i)$이다. 여기서 $r_i$는 복소수이고 $p(x) = 0$의 해들이다.

▶ 보조정리 5.1: 동질 1차 재현식, $a_0t_n + a_1t_{n-1} + \cdots + a_kt_{n-k} = 0$라 하자. 만일 $r_i$가 특성방정식 $a_0x^k + a_1x^{k-1} + \cdots + a_k = 0$의 해이면, $t_n = r_i^n$은 그 재현식의 해이다.

(증명) $a_0r_i^n + a_1r_i^{n-1} + \cdots + a_kr_i^{n-k}$

$= r_i^{n-k}(a_0r_i^k + a_1r_i^{k-1} + \cdots + a_k)$

$= r_i^{n-k}(0)$

$= 0$

그러므로 $r_i^n$은 그 재현식의 해이다.

▶ 정리 5.1: 다음과 같은 동질 1차 재현식에 대해

$$a_0t_n + a_1t_{n-1} + \cdots + a_kt_{n-k} = 0$$

특성방정식은 다음과 같고

$a_0x^k + a_1x^{k-1} + \cdots + a_k = 0$

이 특성방정식이 k개의 서로 다른 해 $r_1, r_2, \ldots, r_k$를 가진다면, 이 재현식의 유일한 해는 $t_n = c_1r_1^n + c_2r_2^n + \cdots + c_kr_k^n$이다.

여기서 $c_i$ 항은 임의의 상수이다.

▶ 예제 5.1: 다음과 같은 재현식이 있다고 가정하자.

$$t_n - 5t_{n-1} + 6t_{n-2} = 0 \quad if \ n > 1$$
$$t_0 = 0$$
$$t_1 = 1$$

$t_n = r^n$으로 놓으면

$t_n - 5t_{n-1} + 6t_{n-2} = r^n - 5r^{n-1} + 6r^{n-2}$

$r$이 $r^n - 5r^{n-1} + 6r^{n-2} = 0$의 근이라면 $t_n = r^n$은 그 재현식의 해가 된다.

$r^n - 5r^{n-1} + 6r^{n-2} = r^{n-2}(r^2 - 5r + 6)$

특성방정식 $r^2 - 5r + 6 = 0$의 근은 $r = 3, r = 2$이다.

따라서 재현식의 해는 다음과 같다.

$t_n = 3^n, t_n = 2^n$

$3^n$이 재현식의 해가 맞는지 증명하기 위하여, 재현식의 좌변을 $3^n$으로 차환하면,

$3^n - 5(3^{n-1}) + 6(3^{n-2}) = 3^n - 5(3^{n-1}) + 2(3^{n-1}) = 3^n - 3(3^{n-1}) = 0$이다.

따라서 $3^n$은 이 재현식의 해가 된다.

정리 5.1에 의해 다음 식도 해가 된다.

$t_n = c_1 3^n + c_2 2^n$

초기조건을 적용하여 상수 $c_1, c_2$를 결정한다.

$t_0 = c_1 3^0 + c_2 2^0 = 0$
$t_1 = c_1 3^1 + c_2 2^1 = 1$

$c_1 = 1, c_2 = -1$

그러므로 재현식의 해는 $t_n = 1(3^n) - 1(2^n) = 3^n - 2^n$이다.

▶ 예제 5.2: 피보나찌 수열을 생성하는 다음 재현식의 해를 구하시오.

$$\begin{aligned} & t_n - t_{n-1} - t_{n-2} = 0 \quad if \ n > 1 \\ & t_0 = 0 \\ & t_1 = 1 \end{aligned}$$

– 특성방정식을 찾는다.

$r^2 - r - 1 = 0$

– 특성방정식의 해를 구한다.

$r_1 = \dfrac{1 + \sqrt{5}}{2}, r_2 = \dfrac{1 - \sqrt{5}}{2}$

– 정리 5.1을 적용하여 재현식의 일반해를 구한다.

$$t_n = c_1\left(\frac{1+\sqrt{5}}{2}\right)^n + c_2\left(\frac{1-\sqrt{5}}{2}\right)^n$$

- 일반해에 초기조건을 적용하여 상수 값을 구한다.

  n=0, $f_0 = c_1 + c_2 = 0$

  n=1, $f_1 = c_1 r_1 + c_2 r_2 = 1$

  $c_1 = \frac{1}{\sqrt{5}}$, $c_2 = -\frac{1}{\sqrt{5}}$ 이다.

- 일반해에 이 상수 값을 치환하여 특정해를 구한다.

$$t_n = \frac{1}{\sqrt{5}}\left[\left(\frac{1+\sqrt{5}}{2}\right)^n - \left(\frac{1-\sqrt{5}}{2}\right)^n\right]$$

▶ 다른 해를 구하기 위해, $p(x) = a_0x^k + a_1x^{k-1} + \cdots + a_k$를 재현식의 특성 다항식이라 하고, $r$을 중근(multiple root)이라 하자. 중근의 정의에 의해, $p(x) = (x-r)^2q(x)$이다.

모든 $n \ge k$에 대해 n-차 다항식을 고려해 보자.

$u_n(x) = a_0x^n + a_1x^{n-1} + \cdots + a_kx^{n-k}$

$v_n(x) = a_0nx^n + a_1(n-1)x^{n-1} + \cdots + a_k(n-k)x^{n-k}$

$v_n(x) = x \times u_n'(x)$

$u_n(x) = x^{n-k}p(x) = x^{n-k}(x-r)^2q(x) = (x-r)^2 \times [x^{n-k}q(x)]$

x에 대한 $u_n(x)$의 미분은

$u_n'(x) = 2(x-r)x^{n-k}q(x) + (x-r)^2[x^{n-k}q(x)]'$ 이다.

그러므로 $u_n'(r) = 0$이고, 모든 $n \ge k$에 대해 $v_n(r) = r \times u_n'(r) = 0$를 내포한다. 다른 말로 $a_0nr^n + a_1(n-1)r^{n-1} + \cdots + a_k(n-k)r^{n-k} = 0$이다.

따라서 $t_n = nr^n$은 그 재현식의 해이다.

▶ 정리 5.2: $r$을 동질 1차 재현식에 대한 특성다항식의 $m$번 중근이라고 하자. 그러면, 다음은 모두 이 재현식의 해가 된다.

$$t_n = r^n, t_n = nr^n, t_n = n^2r^n, t_n = n^3r^n, \cdots, t_n = n^{m-1}r^n$$

따라서 이 해들의 각 항은 각각 재현식의 일반해에 포함된다.

▶ 예제 5.3: 다음 재현식의 해를 구하시오.

$$
\begin{aligned}
&t_n = 5t_{n-1} - 7t_{n-2} + 3t_{n-3} = 0 \quad if \ n \ > \ 2 \\
&t_0 = 1 \\
&t_1 = 2 \\
&t_2 = 3
\end{aligned}
$$

– 특성방정식을 찾는다.

$r^3 - 5r^2 + 7r - 3 = 0$

– 특성방정식의 해를 구한다.

$r^3 - 5r^2 + 7r - 3 = (r-3)(r-1)^2 = 0$

– 정리 5.2를 적용하여 재현식의 일반해를 구한다.

$t_n = c_1 3^n + c_2 1^n + c_3 n 1^n$

– 일반해에 초기조건을 적용하여 상수 값을 구한다.

$$
\begin{aligned}
t_0 &= c_1 + c_2 = 1 \\
t_1 &= 3c_1 + c_2 + c_3 = 2 \\
t_2 &= 9c_1 + c_2 + 2c_3 = 3
\end{aligned}
$$

이 연립방정식의 해는 $c_1 = 0, c_2 = 1, c_3 = 1$이다.

– 일반해에 이 상수 값을 치환하여 특정해를 구한다.

$$
\begin{aligned}
t_n &= 0(3^n) + 1(1^n) + 1(n1^n) \\
&= 1 + n
\end{aligned}
$$

② **비동질 1차 재현식**

▶ 선형 조합이 0과 같지 않을 때 그 재현식은 동질이 아니다.

▶ 정의: 다음 형태의 재현식을 비동질 1차 재현식이라 한다.

$$a_0 t_n + a_1 t_{n-1} + \cdots + a_k t_{n-k} = b^n p(n) \quad \cdots\cdots \quad (5.2)$$

여기서 b는 상수이고, p(n)은 차수 d의 n 다항식이다.

▶ 다음 재현식의 해를 구해 보자.

$$t_n - 3t_{n-1} = 4^n \quad if \quad n > 1$$
$$t_0 = 0$$
$$t_1 = 4$$

- 재현식의 n을 n−1로 대체하여, 우변이 $4^{n-1}$이 되게 한다.

$$t_{n-1} - 3t_{n-2} = 4^{n-1} \quad \cdots\cdots \ (1)$$

- 재현식의 양변을 4로 나눈다.

$$\frac{t_n}{4} - \frac{3t_{n-1}}{4} = 4^{n-1} \quad \cdots\cdots \ (2)$$

- (2)−(1)

$$\frac{t_n}{4} - \frac{7t_{n-1}}{4} + 3t_{n-2} = 0$$

양변에 4를 곱하면

$$t_n - 7t_{n-1} + 12t_{n-2} = 0$$

이 방정식은 동질 1차 재현식이다. 따라서 정리 5.1을 이용하여 해를 구한다. 다음 특성방정식을 풀어서,

$$\underline{r^2 - 7r + 12 = (r-3)(r-4) = 0}$$

다음과 같은 일반해를 구한다.

$$t_n = c_1 3^n + c_2 4^n$$

초기조건을 사용하여 다음과 같은 특정해를 구한다.

$$t_n = 4^{n+1} - 4(3^n)$$

▶ 비동질 1차 재현식 (5.2)를 풀기 위하여 다음 특성방정식을 사용할 수 있다.

$$(a_0 r^k + a_1 r^{k-1} + \cdots + a_k)(r-b)^{d+1} = 0$$

여기서 d는 $p(n)$의 차수이다.

▶ 예제 5.4: 다음 재현식의 해를 구하시오.

$$t_n - t_{n-1} = n - 1 \quad if \quad n > 0$$
$$t_0 = 0$$

- 비동질 1차 재현식의 특정방정식을 구하고 푼다.

$$(r-1)(r-1)^2=(r-1)^3=0$$

근은 r=1이고, 이 근은 3번 중복된 근이다.

- 정리 5.2를 적용하여 재현식의 일반해를 구한다.

$$\begin{aligned} t_n &= c_1 1^n + c_2 n 1^n + c_3 n^2 1^n \\ &= c_1 + c_2 n + c_3 n^2 \end{aligned}$$

- 초기조건이 2개 더 필요하다

$$\begin{aligned} t_1 &= t_0 + 1 - 1 = 0 + 0 = 0 \\ t_2 &= t_1 + 2 - 1 = 0 + 1 = 1 \end{aligned}$$

- 일반해에 초기조건을 적용하여 상수 값을 구한다.

$$\begin{aligned} t_0 &= c_1 = 0 \\ t_1 &= c_1 + c_2 + c_3 = 0 \\ t_2 &= c_1 + 2c_2 + 4c_3 = 1 \end{aligned}$$

이 연립방정식의 해는 $c_1=0, c_2=-\frac{1}{2}, c_3=\frac{1}{2}$이다.

- 일반해에 이 상수 값을 치환하여 특징해를 구한다.

$$t_n=-\frac{1}{2}n+\frac{1}{2}n^2=\frac{n(n-1)}{2}$$

## (3) 변수 변경

▶ 변수를 변경함으로써 보다 복잡한 재현식을 해결할 수 있다.

▶ 다음 재현식을 구해 보자.

$$\begin{aligned} &T(n) = T\left(\frac{n}{2}\right)+1 \quad for\ n>1,\ n\text{은 2의 멱수이다.} \\ &T(1)=1 \end{aligned}$$

$n=2^k$, $k=\lg n$로 놓고,

n을 $2^n$으로 치환하면 재현식은 다음과 같이 된다.

$$\begin{aligned} T(2^k) &= T\left(\frac{2^k}{2}\right)+1 \\ &= T(2^{k-1})+1 \end{aligned}$$

$t_k = T(2^k)$라 놓으면,

$t_k = t_{k-1} + 1$

$t_k - t_{k-1} = 1$

$(r-1)(r-1) = 0$
$(r-1)^2 = 0$

따라서 일반해는 다음과 같다.

$$t_k = c_1 1^k + c_2 k 1^k$$
$$= c_1 + c_2 k$$

$t_k$를 $T(2^k)$로 치환하면,

$T(2^k) = c_1 + c_2 k$이다.

$2^k = n, k = \lg n$이므로

$T(n) = c_1 + c_2 \lg n$이다.

초기조건을 이용한 연립방정식으로부터 상수 값을 계산한다.

$c_1 + c_2 \lg 1 = 1$
$c_1 + c_2 \lg 2 = 2$

$c_1 = 1, c_2 = 1$

일반해에 상수 값을 치환하여 특정해를 구한다.

$T(n) = 1 + \lg n = \lg n + 1$

### (4) 치환

▶ 치환을 사용하여 재현식의 해를 구할 수 있다.

▶ 다음 재현식의 해를 구해 보자.

$$t_n = t_{n-1} + n \quad if \;\; n > 1$$
$$t_1 = 1$$

$$
\begin{aligned}
t_n &= t_{n-1} + n \\
t_{n-1} &= t_{n-2} + (n-1) \\
t_{n-2} &= t_{n-3} + (n-2) \\
&\vdots \\
t_2 &= t_1 + 2 \\
t_1 &= 1
\end{aligned}
$$

각 식을 이전 식으로 치환하면,

$$
\begin{aligned}
t_n &= t_{n-1} + n \\
&= t_{n-2} + (n-1) + n \\
&= t_{n-3} + (n-2) + (n-1) + n \\
&\vdots \\
&= t_1 + 2 + \cdots + (n-2) + (n-1) + n \\
&= 1 + 2 + \cdots + n \\
&= \sum_{i=1}^{n} i = \frac{n(n+1)}{2}
\end{aligned}
$$

### (5) 도사정리(Master Theorem)

▶ 복잡도 함수 $T(n)$은 궁극적으로 감소하지 않고, 다음을 만족한다고 가정하자.

$$
\begin{aligned}
&T(n) = aT\left(\frac{n}{b}\right) + cn^k \quad (n > 1\text{이고}, n\text{이 } b\text{의 멱수이면}) \\
&T(1) = d
\end{aligned}
$$

여기서 b≥2, k≥0인 b와 k는 정수이고, a>0, c>0, d≥0이다.

$$
T(n) \in \begin{cases} \Theta(n^k) & (a < b^k\text{이면}) \\ \Theta(n^k \lg n) & (a = b^k\text{이면}) \\ \Theta(n^{\log_b^a}) & (a > b^k\text{이면}) \end{cases}
$$

▶ $T(n)$이 궁극적으로 감소하지 않고, 다음을 만족한다고 가정하자.

$$
\begin{aligned}
&T(n) = 8T\left(\frac{n}{4}\right) + 5n^2 \quad (n > 1\text{이고}, n\text{이 } 4\text{의 멱수이면}) \\
&T(1) = 3
\end{aligned}
$$

도사정리에 의해, a=8, b=4, c=5, k=2이므로 $8 < 4^2$이다.

따라서 $T(n) \in \Theta(n^2)$이다.

## 3. 예비예제

**문 제 1**

다음 재현식의 해를 구하시오.

$$t(m) = \begin{cases} 0 & if\ m = 0 \\ 2t(m-1)+1 & otherwise \end{cases}$$

**해 답**

$t(m) - 2t(m-1) = 1$

비동질 1차 재현식에서, b=1, p(n)=1이다.

특성방정식은 다음과 같다.

$$(r-2)(r-1) = 0$$

특성방정식의 근은 $r = 1, r = 2$이다.

재현식의 일반해는 다음과 같다.

$$t(m) = c_1 1^m + c_2 2^m$$

상수 $c_1, c_2$를 결정하기 위하여 1개의 초기 조건이 더 필요하다.

$$t(1) = 2t(0) + 1 = 1$$

일반해에 초기조건을 적용하여 상수 값을 구한다.

$$t(0) = c_1 + c_2 = 0$$
$$t(1) = c_1 + 2c_2 = 1$$

이 연립방정식의 해는 $c_1 = -1, c_2 = 1$이다.

일반해에 이 상수 값을 치환하여 특정해를 구한다.

$$t(m) = 2^m - 1$$

## 4. 실습문제

**문 제 1**

다음 재현식의 해를 구하시오

(1) $x(n) = x(n-1) + 5$ for $n > 1, x(1) = 0$

(2) $x(n) = 3x(n-1)$ for $n > 1,\ x(1) = 4$

(3) $x(n) = x(n-1) + n$ for $n > 0,\ x(0) = 0$

(4) $x(n) = x(\frac{n}{2}) + n$ for $n > 1, x(1) = 1$

(5) $x(n) = x(\frac{n}{3}) + 1$ for $n > 1, x(1) = 1$

| 해 답 |
|---|
| (1)<br><br><br><br>(2)<br><br><br><br>(3) |

(4)

(5)

| 담당교수 | 확인 |
| --- | --- |

# 제 6 장 분할정복법

## 1. 학습목표

분할정복법은 문제의 큰 사례(instance)를 다수의 작은 사례로 나누고, 작은 사례에 대한 해답을 구한 다음, 큰 사례에 대한 해답은 작은 사례 해답을 통합하여 구하는 알고리즘 설계 기법이다. 이 장에서는 분할정복법으로 설계된 알고리즘과 그것의 Java 프로그램 작성에 대하여 학습한다.

## 2. 예비지식

### (1) 분할정복법

▶ 분할정복법은 문제의 사례를 2개 이상의 더 작은 사례로 분할함으로서, 작은 문제의 해답을 먼저 얻고, 원래 문제의 해답을 작은 문제의 해답들을 통합하여 구현하는 방법이다. 분할된 작은 사례도 해답을 얻지 못할 정도로 크다면, 그보다 더 작은 사례로 나눌 수 있다. 이렇게 사례를 나누는 과정은 해답을 바로 구할 수 있을 만큼 충분히 작아질 때 까지 계속된다.

▶ 분할정복법은 문제의 맨 상위 사례의 해답을 아래로 내려가면서 작은 사례에 대한 해답을 구함으로써 얻는 하향식(top-down) 접근 방법을 사용한다. 따라서 분할정복법 알고리즘을 개발할 때 하향식 접근 방법을 사용하는 재귀 프로시저를 일반적으로 사용한나.

### (2) 분할정복법 설계전략

▶ 분할정복법 알고리즘의 설계 전략은 다음과 같다.

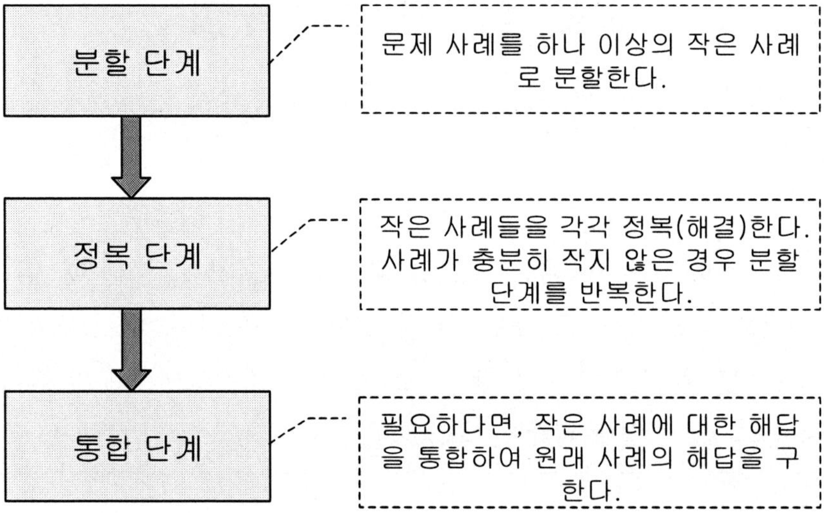


▶ 분할정복 알고리즘의 기본적인 형태는 다음과 같다.

```
function DC(x)
  if x is sufficiently small or simple then return adhoc(x);
  decompose x into smaller instances x1, x2, ···, xl;
  for i←1 to l do yi←DC(xi);
  recombine the yi's to obtain a solution y for x;
  return y;
```

## (3) 계승(Factorial) 문제

▶ 입력 n에 대한 n의 계승, n!를 구한다.

여기서 $n! = n\times(n-1)\times(n-2)\times\cdots\times 2\times 1$이다.

▶ 알고리즘

```
int factorial(int n)
{
  if (n==0) return 1;
  else return(n*factorial(n-1));
```

```
}
```

▶ 성능분석

분할정복법으로 설계된 n!를 구하는 재귀 알고리즘의 성능은 다늠과 같다.

$$T(n) = T(n-1)+1$$
$$= T(n-2)+1+1$$
$$= T(n-3)+1+1$$
$$= 1+1+\cdots+1 = n$$

$$T(n) = n \in \Theta(n)$$

## (4) 빠른정렬

▶ 빠른정렬은 배열을 분할할 때 어떤 기준 아이템(pivot item)보다 작은 아이템들은 모두 기준 아이템의 앞부분에 위치시키고, 그 기준 아이템보다 크거나 같은 아이템들은 모두 기준 아이템의 뒷부분에 위치시킨다. 아이템이 하나 뿐인 배열로 분할될 때까지 이 과정을 계속한다.

▶ 알고리즘

- 빠른정렬
  - 문제: 비내림차순으로 n개 키를 정렬하라.
  - 입력: 양의 정수 n, 키의 배열 theArray
  - 출력: 비내림차순으로 정렬된 키의 배열 theArray

```
public void recQuickSort(int left, int right)
{
  if (right-left <= 0)
    return;
  else {
    long pivot = theArray[right];
    int partition = partitionIt([left, right, pivot]);
    recQuickSort(left, partition-1);
```

```
        recQuicjSort(partition+1, right);
      }
    }
```

- 분할
  - 문제: 빠른정렬을 위해 배열 theArray를 분할하라.
  - 입력: 2개의 인덱스 left와 right, 기준 아이템 pivot, theArray의 부분배열
  - 출력: pivot을 기준으로 분할된 theArray

```
public int partitionIt(int left, int right, long pivot)
{
  int leftPtr = left-1;
  int rightPtr = right;
  while (true)
  {
    while (theArray[++leftPtr] < pivot)
       ;
    while (rightPtr > 0 && theArray[--rightPtr] > pivot)
       ;
    if (leftPtr >= rightPtr)
      break;
    else
      exchange theArray[leftPtr] and theArray[rightPtr];
  }
  exchange theArray[leftPtr] and theArray[right];
  return leftPtr;
}
```

▶ 실행 예

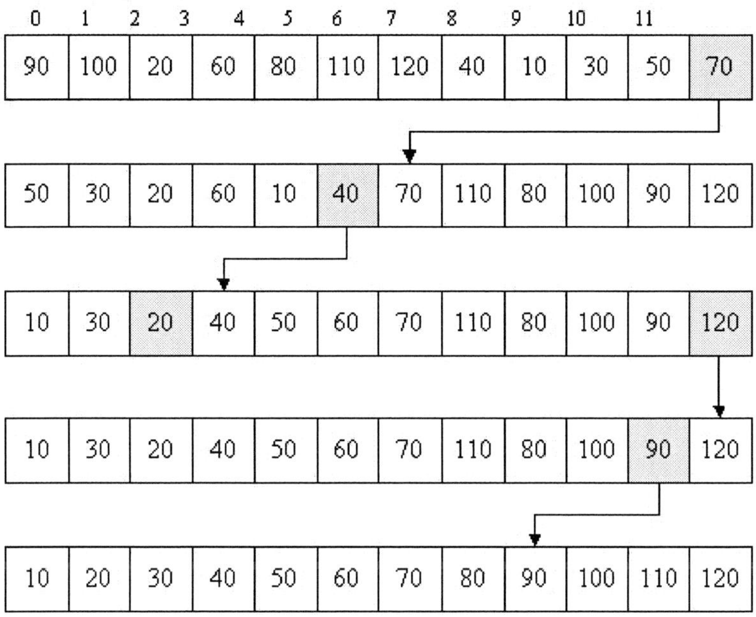


▶ 성능분석

- 단위연산: partitionIt에서 theArray[++leftPtr]와 pivot의 비교, theArray[--rightPtr]와 pivot의 비교
- 입력크기: n(배열 theArray에서 아이템의 개수)
- 최악경우 시간복잡도

$$W(n) = W(0) + W(n-1) + n - 1$$
$$W(n) = W(n-1) + (n-1)$$
$$W(0) = 1$$

이 재현식은 5장 재현식에서 예제 5.4(50~51쪽)에서 풀었다. 그 해는

$W(n) = \dfrac{n(n-1)}{2}$ 이다.

그리고 치환을 사용하여 이 재현식을 풀면 다음과 같다.

$$\begin{aligned} W(n) &= W(n-1)+(n-1) \\ &= W(n-2)+(n-2)+(n-1) \\ &= W(n-3)+(n-3)+(n-2)+(n-1) \\ &\vdots \\ &= 0+1+2+\cdots+(n-2)+(n-1) \\ &= \sum_{i=1}^{n-1} i = \frac{n(n-1)}{2} \end{aligned}$$

– 평균 경우 시간복잡도

$$A(n) = \sum_{p=1}^{n} \frac{1}{n}[A(p-1)+A(n-p)]+(n-1) \quad \cdots \quad (6.1)$$

$\sum_{p=1}^{n} [A(p-1)+A(n-p)] = 2\sum_{p=1}^{n} A(p-1)$이다.

따라서 이 식을 식 (6.1)에 적용하면 다음과 같다.

$$A(n) = \frac{2}{n}\sum_{p=1}^{n} A(p-1)+(n-1)$$

양변에 n을 곱하면 다음과 같다.

$$nA(n) = 2\sum_{p=1}^{n} A(p-1)+n(n-1) \quad \cdots \quad (6.2)$$

식 (6.2)에서 n을 (n−1)로 대치하면 다음과 같다.

$$(n-1)A(n-1) = 2\sum_{p=1}^{n-1} A(p-1)+(n-1)(n-2) \quad \cdots \quad (6.3)$$

식 (6.2)에서 식 (6.3)을 빼면 다음과 같다.

$$nA(n)-(n-1)A(n-1) = 2A(n-1)+2(n-1)$$

$$\frac{A(n)}{n+1} = \frac{A(n-1)}{n}+\frac{2(n-1)}{n(n+1)}$$

$a_n = \dfrac{A(n)}{n+1}$이라 두면,

다음과 같은 재현식을 얻는다.

$$a_n = a_{n-1}+\frac{2(n-1)}{n(n+1)} \qquad n > 0\text{인 경우}$$

$$a_0 = 0$$

$$a_n \approx a_{n-1} + \frac{2}{n} \quad \text{if} \quad n > 1$$
$$a_1 = 0$$

$$\begin{aligned} a_n &= a_{n-1} + \frac{2}{n} \\ &= a_{n-2} + \frac{2}{n-1} + \frac{2}{n} \\ &= a_{n-3} + \frac{2}{n-2} + \frac{2}{n-1} + \frac{2}{n} \\ &\vdots \\ &= a_1 + \frac{2}{2} + \frac{2}{3} + \cdots + \frac{2}{n-2} + \frac{2}{n-1} + \frac{2}{n} \\ &= 0 + \frac{2}{2} + \frac{2}{3} + \cdots + \frac{2}{n-2} + \frac{2}{n-1} + \frac{2}{n} \\ &= 2\sum_{i=2}^{n} \frac{1}{i} \approx 2\ln n \end{aligned}$$

$$\begin{aligned} A(n) &\approx (n+1)2\ln n = (n+1)2(\ln 2)(\lg n) \\ &\approx 1.38(n+1)\lg n \in \Theta(n\lg n) \end{aligned}$$

### (5) 합병정렬

▶ 합병정렬은 2개의 이미 정렬된 배열을 합병하는 것이다. 2개의 이미 정렬된 배열 A와 B를 합병하여 A와 B의 모든 원소들을 포함하고 정렬된 순서로 배열된 3번째 배열 C를 생성한다.

▶ 알고리즘

- 합병정렬
  - 문제: n키를 비내림차순으로 정렬
  - 입력: 키 배열 workSpace, 부분배열 인덱스 lowerBound와 upperBound
  - 출력: 키가 비내림차순으로 정렬된 배열 workSpace

```
void recMergeSort(long [ ] workSpace, int lowerBound, int upperBound)
{
  if (lowerBound == upperBound)
    return;
  else
```

```
    {
      int mid=(lowerBound+upperBound)/2;
      recMergeSort(workSpace, lowerBound, mid);
      recMergeSort(workSpace, mid+1, upperBound);
      merge(workSpace, lowerBound, mid+1, upperBound);
    }
  }
```

- 합병
  - 문제: 2개의 정렬된 부분배열을 합병
  - 입력: 키 배열 workSpace, 부분배열 인덱스 lowPtr, highPtr, upperBound
  - 출력: 키가 비내림차순으로 정렬된 합병된 배열

```
void merge(long[ ] workSpace, int lowPtr, int highPtr, int upperBound)
{
  int j=0;
  int lowerBound=lowPtr;
  int mid=highPtr-1;
  int n=upperBound-lowerBound+1;
  while (lowPtr <= mid && highPtr <= upperBound)
    if (theArray[lowPtr] < theArray[highPtr])
      workSpace[j++] = theArray[lowPtr++];
    else
      workSpace[j++] = theArray[highPtr++];
  while (lowPtr <= mid)
    workSpace[j++] = theArray[lowPtr++];
  while (highPtr <= upperBound)
    workSpace[j++] = theArray[highPtr++];
  for (j=0; j<n; j++)
```

```
            theArray[lowerBound+j] = workSpace[j];
      }
```

▶ 실행 예

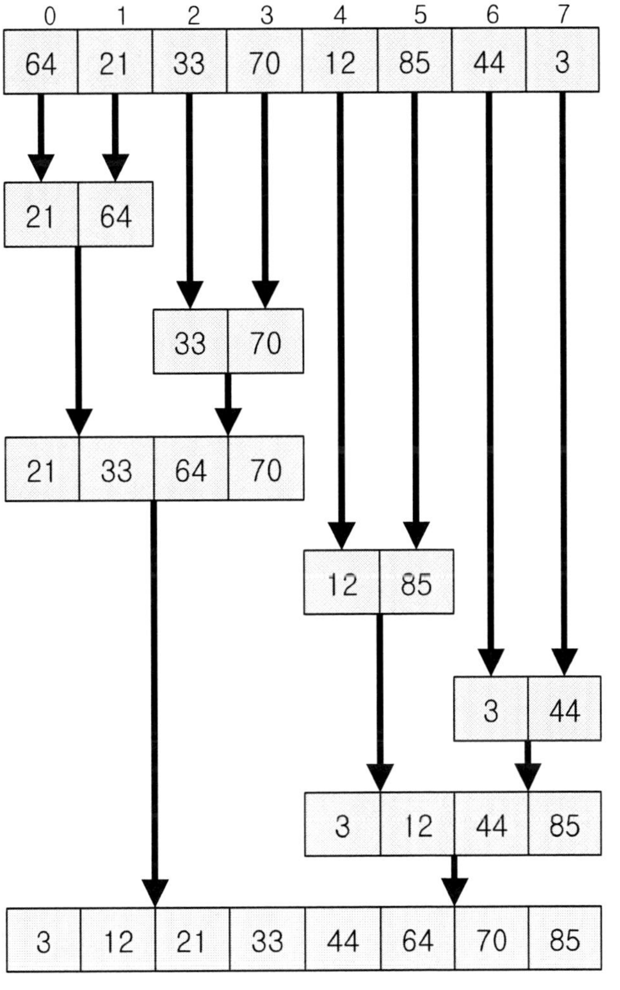


▶ 성능분석

– 단위연산: merge 프로시저에서 theArray[lowPtr]와 theArray[highPtr]의 비교

– 입력: 합병할 부분배열의 크기(전체 배열의 크기가 n이면 합병할 부분배열의 크기는 $\frac{n}{2}$이다.)

- 최악 경우 시간복잡도

merge 프로시저의 최악 경우 복잡도는 다음과 같다.

$$W\left(\frac{n}{2}, \frac{n}{2}\right) = \frac{n}{2} + \frac{n}{2} - 1$$
$$= n - 1$$

합병정렬의 최악 경우 $W(n)$에 대한 표현식은 다음과 같다.

$$W(n) = W\left(\frac{n}{2}\right) + W\left(\frac{n}{2}\right) + (n-1)$$
$$= 2W\left(\frac{n}{2}\right) + (n-1)$$

따라서 다음과 같은 재현식을 얻는다.

$$W(n) = 2W\left(\frac{n}{2}\right) + (n-1) \quad n > 1\text{이고}, n\text{이 } 2\text{의 멱수인 경우}$$
$$W(1) = 0$$

$n = 2^k$이라 두면,

$$W(2^k) = 2W\left(\frac{2^k}{2}\right) + 2^k - 1$$
$$= 2W(2^{k-1}) + 2^k - 1$$

$w_k = W(2^k)$라 두면,

재현식은 다음과 같다.

$$w_k = 2w_{k-1} + 2^k - 1$$

$$w_k = c_1 + c_2 2^k + c_3 k 2^k$$
$$W(2^k) = c_1 + c_2 2^k + c_3 k 2^k$$
$$W(n) = c_1 + c_2 n + c_3 n lg n$$

초기조건 W(1)=0을 사용하여, 초기조건 2개를 더 구하고, 상수값을 계산한다.

$$W(n) = nlgn - (n-1) \in \Theta(nlgn)$$

## (6) 분할정복법을 사용할 수 없는 경우

▶ 다음 두 경우에 가능하다면 분할정복법 사용을 피해야 한다.

① 크기 n인 사례가 거의 n에 가까운 크기의 2개 이상의 사례로 분할된다.

② 크기 n인 사례가 $\frac{n}{c}$ 크기의 거의 n개 사례로 분할된다. 여기서 c는 상수이다.

## 3. 예비예제

**문 제 1**

16개의 정수를 랜덤하게 생성하여 배열에 저장하고, 그 배열을 빠른정렬로 정렬하는 Java 프로그램을 작성하고, 그 실행 결과를 보이시오.

**해 답**

▶ Java 프로그램

```
////////////////////////////////////////////////////////////////
class ArrayIns
   {
   private long[] theArray;            // ref to array theArray
   private int nElems;                 // number of data items
//----------------------------------------------------------
   public ArrayIns(int max)            // constructor
      {
      theArray = new long[max];        // create the array
      nElems = 0;                      // no items yet
      }
//----------------------------------------------------------
   public void insert(long value)      // put element into array
      {
      theArray[nElems] = value;        // insert it
      nElems++;                        // increment size
      }
//----------------------------------------------------------
   public void display()               // displays array contents
      {
      System.out.print("A=");
      for(int j=0; j<nElems; j++)      // for each element,
         System.out.print(theArray[j] + " ");  // display it
      System.out.println("");
      }
//----------------------------------------------------------
   public void quickSort()
      {
```

```
    recQuickSort(0, nElems-1);
    }
//------------------------------------------------------------
  public void recQuickSort(int left, int right)
    {
    if(right-left <= 0)              // if size <= 1,
        return;                      //    already sorted
    else                             // size is 2 or larger
      {
      long pivot = theArray[right];       // rightmost item
                                          // partition range
      int partition = partitionIt(left, right, pivot);
      recQuickSort(left, partition-1);   // sort left side
      recQuickSort(partition+1, right);  // sort right side
      }
    } // end recQuickSort()
//------------------------------------------------------------
   public int partitionIt(int left, int right, long pivot)
     {
     int leftPtr = left-1;            // left    (after ++)
     int rightPtr = right;            // right-1 (after --)
     while(true)
       {                              // find bigger item
       while( theArray[++leftPtr] < pivot )
          ; // (nop)
                                      // find smaller item
       while(rightPtr > 0 && theArray[--rightPtr] > pivot)
          ; // (nop)

       if(leftPtr >= rightPtr)        // if pointers cross,
          break;                      //    partition done
       else                           // not crossed, so
          swap(leftPtr, rightPtr);    //    swap elements
       } // end while(true)
     swap(leftPtr, right);            // restore pivot
     return leftPtr;                  // return pivot location
     } // end partitionIt()
//------------------------------------------------------------
  public void swap(int dex1, int dex2) // swap two elements
    {
    long temp = theArray[dex1];          // A into temp
    theArray[dex1] = theArray[dex2];     // B into A
    theArray[dex2] = temp;               // temp into B
    } // end swap(
//------------------------------------------------------------
  } // end class ArrayIns
////////////////////////////////////////////////////////////////
```

```
class quickSort1App
   {
   public static void main(String[] args)
      {
      int maxSize = 16;              // array size
      ArrayIns arr;
      arr = new ArrayIns(maxSize);  // create array

      for(int j=0; j<maxSize; j++)  // fill array with
         {                          // random numbers
         long n = (int)(java.lang.Math.random()*99);
         arr.insert(n);
         }
      arr.display();                // display items
      arr.quickSort();              // quicksort them
      arr.display();                // display them again
      }  // end main()
   }  // end class quickSort1App
////////////////////////////////////////////////////////////////
```

▶ 실행 결과

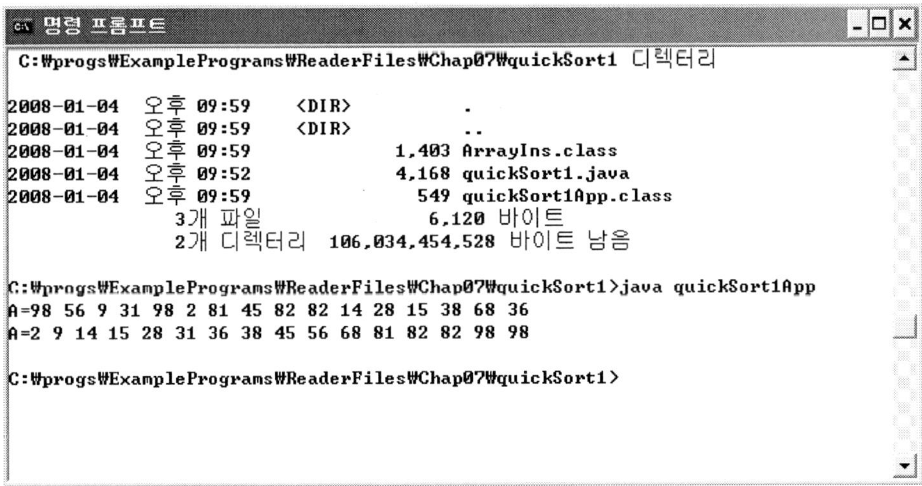


### 문 제 2

하노이 탑(The Towers of Hanoi) 문제를 해결하는 재귀 알고리즘을 설계하고, 그 알고리즘의 시간 복잡도를 계산하고, Java 프로그램을 작성하고, 그리고 실행 결과를 보이시오. 여기서 하노이 탑 문제는 기둥이 3개 있고 한 기둥에 크기가 작은 원판

이 위에 쌓이도록 만들어 한 번에 한 원판 밖에 옮길 수 없다는 것과 큰 원판이 작은 원판 위로 오지 않게 하여 세 기둥을 적절히 이용하여 모든 원판을 마지막 기둥으로 옮기는 일종의 퍼즐이다.

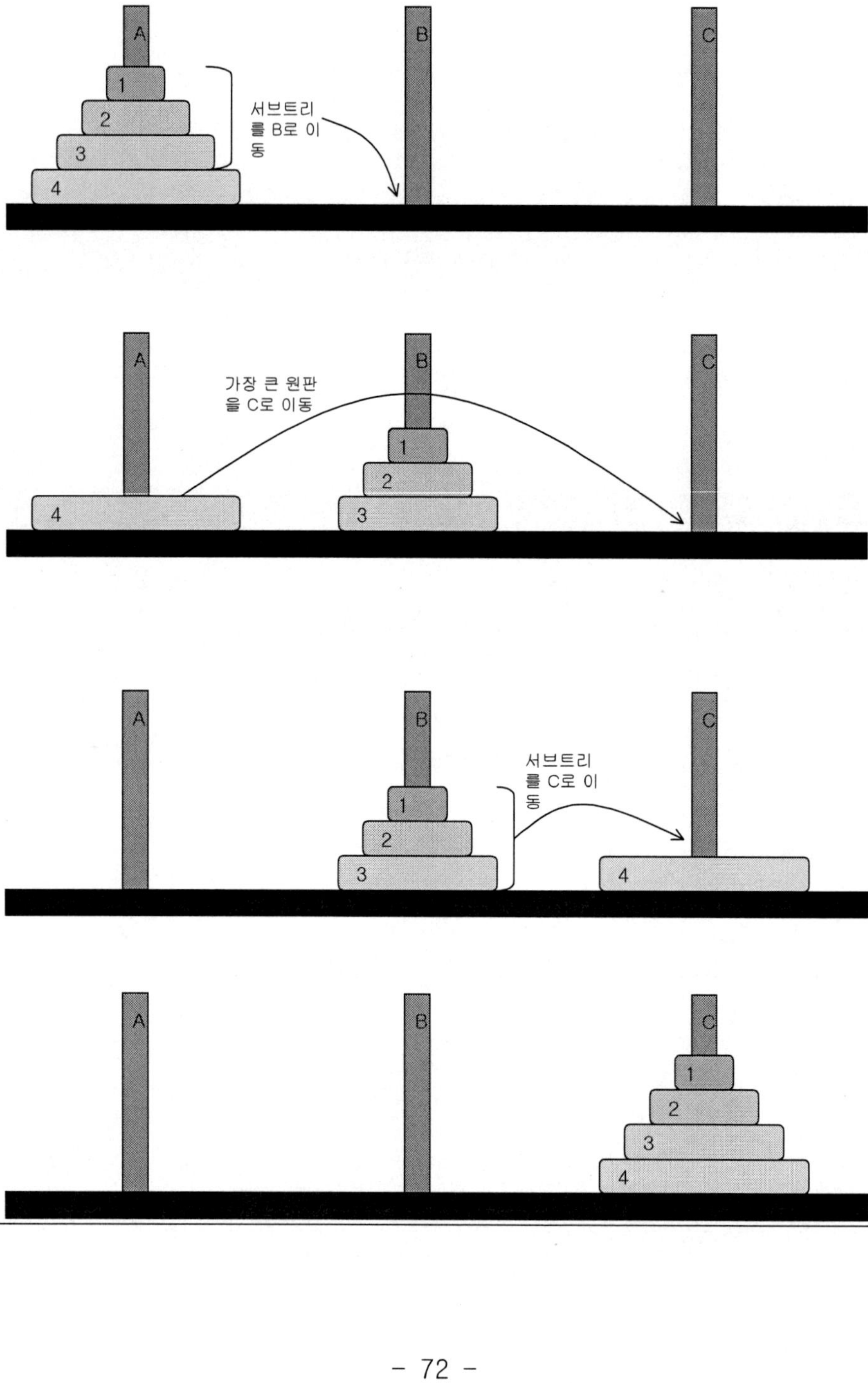

**해 답**

▶ 재귀 알고리즘

```
procedure Hanoi(m, i, j)
{
  if m>0 then {
    Hanoi(m-1, i, 6-i-j);
    write i "→" j
    Hanoi(m-1, 6-i-j, j)
  }
}
```

▶ 시간 복잡도

$$T(m) = \begin{cases} 0 & if\ m = 0 \\ 2T(m-1)+1 & otherwise \end{cases}$$

$$T(m) - 2T(m-1) = 1$$
$$T(m) = t_m$$
$$t_m - 2t_{m-1} = 1$$
$$(r-2)(r-1) = 0$$
$$t_m = c_1 2^m + c_2 1^m$$
$$c_1 + c_2 = 0$$
$$2c_1 + c_2 = 1$$
$$c_1 = 1, c_2 = -1$$
$$T(m) = 2^m - 1 \in \Theta(2^m)$$

▶ Java 프로그램

```
class TowersApp
   {
   static int nDisks = 3;

   public static void main(String[] args)
      {
      doTowers(nDisks, 'A', 'B', 'C');
      }

//---------------------------------------------------------------
   public static void doTowers(int topN,
                               char src, char inter, char dest)
      {
```

```
      if(topN==1)
         System.out.println("Disk 1 from " + src + " to "+ dest);
      else
         {
         doTowers(topN-1, src, dest, inter);    // src to inter

         System.out.println("Disk " + topN +    // move bottom
                            " from " + src + " to "+ dest);
         doTowers(topN-1, inter, src, dest);    // inter to dest
         }
      }
//-------------------------------------------------------------
   } // end class TowersApp
```

▶ 실행 결과

```
명령 프롬프트
C:₩progs₩ExamplePrograms₩ReaderFiles₩Chap06₩towers>dir
 C 드라이브의 볼륨에는 이름이 없습니다.
 볼륨 일련 번호: 3078-51AA

 C:₩progs₩ExamplePrograms₩ReaderFiles₩Chap06₩towers 디렉터리

2008-01-05  오후 01:14    <DIR>          .
2008-01-05  오후 01:14    <DIR>          ..
2002-07-18  오후 05:12             1,040 towers.java
               1개 파일               1,040 바이트
               2개 디렉터리  106,380,234,752 바이트 남음

C:₩progs₩ExamplePrograms₩ReaderFiles₩Chap06₩towers>javac towers.java

C:₩progs₩ExamplePrograms₩ReaderFiles₩Chap06₩towers>java TowersApp
Disk 1 from A to C
Disk 2 from A to B
Disk 1 from C to B
Disk 3 from A to C
Disk 1 from B to A
Disk 2 from B to C
Disk 1 from A to C

C:₩progs₩ExamplePrograms₩ReaderFiles₩Chap06₩towers>
```

## 4. 실습문제

| 문 제 |
|---|
| 16개의 정수를 랜덤하게 생성하여 배열에 저장하고, 그 배열을 합병정렬로 정렬하는 Java 프로그램을 작성하고, 그 실행 결과를 보이시오. |

| 해 답 |
| --- |
| |

| 담당교수 | 확인 |
| --- | --- |

# 제 7 장 동적계획법

## 1. 학습목표

동적계획법은 중복되는 서브문제를 갖는 문제 해결을 위한 알고리즘 설계 기법이다. 일반적으로, 주어진 문제에 대한 어떤 해를 같은 종류의 더 작은 서브문제와 관련시키는 재귀(recurrence)가 발생한다. 이 장에서는 동적계획법으로 설계된 알고리즘과 그것의 Java 프로그램 작성에 대하여 학습한다.

## 2. 예비지식

### (1) 동적계획법

▶ 동적계획법은 작은 사례를 먼저 해결하고, 그 결과를 저장한 다음, 그 결과가 필요할 때 마다 다시 계산하는 대신 그 저장 결과를 이용한다.

▶ n번째 피보나찌 항을 구하는 동적계획 알고리즘은 0부터 n까지 인덱스를 가지는 배열에서 앞부분 n-1 항을 순서대로 구축하여 n번째 피보나찌 항을 구한다. 동적계획법은 배열을 가지고 상향식으로 해를 구한다. 따라서 동적계획법은 상향식(top-down) 접근 방법이다.

▶ 동적계획법은 일반적으로 최적화 문제(optimization problems)에 적용된다. 그러한 문제에는 많은 가능해가 있을 수 있다. 각 해는 값을 가지고, 최적값을 갖는 해를 찾는다.

### (2) 동적계획 알고리즘 설계 절차

▶ 동적계획 알고리즘의 개발은 다음 4 단계의 절차로 나눌 수 있다.

(1) 최적해의 구조의 특성을 기술한다.

(2) 최적해의 값을 재귀적으로 정의한다.

(3) 상향식 접근 방법으로 최적해의 값을 계산한다.

(4) 계산된 값으로부터 최적해를 구축한다.

## (3) 이항계수

▶ $C(n, k)$ 또는 $\binom{n}{k}$로 나타내는 이항계수(binomial coefficient)는 n-원소 집합으로부터 k 원소의 조합의 개수이다.

$$(x+y)^n = \binom{n}{0}x^n + \binom{n}{1}x^{n-1} + \cdots + \binom{n}{k}x^{n-k}y^k + \cdots + \binom{n}{n}y^n$$

이항계수의 속성

$$\binom{n}{k} = \begin{cases} \binom{n-1}{k-1} + \binom{n-1}{k} & 0 < k < n \\ 1 & k = 0 \text{ 또는 } k = n \end{cases}$$

▶ 이항계수를 해결하는 동적계획 알고리즘의 작성 절차

(1) 이항계수의 속성으로부터 재귀 관계식을 설립한다.

$$B[i, j] = \begin{cases} B[i-1, j-1] + B[i-1, j] & 0 < j < i \\ 1 & j = 0 \text{ 또는 } j = i \end{cases}$$

(2) 첫 번째 행부터 시작하여 차례로 B의 행에 들어갈 값들을 계산하는 상향식으로 문제의 사례를 해결한다.

| | 0 | 1 | 2 | 3 | 4 | | j | n |
|---|---|---|---|---|---|---|---|---|
| 0 | 1 | | | | | | | |
| 1 | 1 | 1 | | | | | | |
| 2 | 1 | 2 | 1 | | | | | |
| 3 | 1 | 3 | 3 | 1 | | | | |
| 4 | | | | | | | | |
| | | | | | | B[i-1,j-1] ↘ | B[i-1, j] ↓ | |
| j | | | | | | | B[i, j] | |
| n | | | | | | | | |

▶ 알고리즘

- 문제: 동적계획 알고리즘으로 이항계수를 계산하라.
- 입력: 음이 아닌 정수 쌍 $n \geq k \geq 0$
- 출력: 이항계수 $\binom{n}{k}$의 값

```
int Binomial(n, k)
{
  for (i=0; i<=n; i++)
    for (j=0; j<=min(i,k); j++)
      if (j==0 or j=i)
        B[i, j]=1;
      else
        B[i, j]=B[i-1, j-1]+B[i-1, j];
   return B[n, k];
}
```

▶ 모든 경우 시간복잡도

$$T(n,k) = \sum_{i=1}^{k}\sum_{j=1}^{i} 1 + \sum_{i=k+1}^{n}\sum_{j=1}^{k} 1$$

$$= \sum_{i=1}^{k}(i-1) + \sum_{i=k+1}^{n} k$$

$$= \frac{k(k-1)}{2} + k(n-k) \in \Theta(nk)$$

## (4) 최단경로

▶ 가중 연결 그래프가 주어지면, 어떤 정점으로부터 모든 다른 정점들까지의 거리(최단 경로의 길이)를 찾을 수 있다. 거리 행렬이라 부르는 n×n 행렬 D에 최단 경로의 길이를 저장한다.

▶ $D^{(k)}[i,j]$=집합 $\{v_1, v_2, \ldots, v_k\}$에 속하는 정점만을 중간 정점으로 사용하면서 $v_i$

에서 $v_j$로 가는 최단 경로의 길이

$D^{(0)} = W$이고 $D^{(n)} = D$이다.

▶ 동적계획법을 적용하는 절차는 다음과 같다.

(1) $D^{(k-1)}$로부터 $D^{(k)}$를 계산하는 재귀 관계식을 정립한다.

$$D^{(k)}[i,j] = minimum(D^{(k-1)}[i,j], D^{(k-1)}[i,k] + D^{(k-1)}[k,j])$$

(2) k=1부터 n까지 (1)에서 정립한 과정을 상향식으로 반복하여 문제의 사례를 해결한다.

▶ 알고리즘

- 문제: 가중치 포함 그래프의 각 정점에서 다른 모든 정점으로 가는 최단 경로를 모두 찾고 그 길이를 계산하라. 여기서 가중치는 음이 아닌 수이다.
- 입력: 가중치 포함 방향 그래프와 정점의 개수 n. 그래프는 2차원 배열 W로 표현하는 데, 행과 열의 인덱스 범위는 1부터 n까지이다. 즉, W[i, j]는 정점 i에서 정점 j로 가는 이음선의 가중치이다.
- 출력: 행과 열의 인덱스 범위는 1부터 n까지인 2차원 배열 D와 배열 P. 여기서 배열 D[i, j]는 정점 i에서 정점 j로 가는 최단경로 길이가 되고, P[i, j]는 정점 i에서 정점 j로 가는 최단 경로의 중간에 놓여 있는 정점 중에서 가장 큰 인덱스이고 정점이 없으면 0이다.

```
void Floyd(int n, number [ ] W, number [ ][ ] D, index [ ][ ] P)
{
  index i, j, k;
  for (i=1; i<=n; i++)
    for (j=1; j<=n; j++)
      P[i][j]=0;
  D = W;
  for (k=1; k<=n; k++)
```

```
    for (i=1; i<=n; i++)
      for (j=1; j<=n; j++)
        if (D[i][k]+D[k][j] < D[i][j]) {
          P[i][j] = k;
          D[i, j] = D[i, k] + D[k, j];
        }
  }
```

▶ 복잡도 분석

- 단위연산: for j 루프 내의 명령문
- 입력크기: 그래프에서 정점의 개수 n

for 루프가 1에서 n까지 3번 반복 수행된다. 따라서

$T(n) = n \times n \times n = n^3 \in \Theta(n^3)$이다.

▶ 알고리즘: 최단경로 출력

문제: 가중치 포함 그래프에서 한 정점에서 다른 정점으로 가는 최단경로 상에 있는 중간 정점들을 출력.

입력: Floyd 알고리즘이 만든 배열 P와 입력 그래프에서 정점 인덱스 p와 r.

출력: $v_q$와 $v_r$로 가는 최단경로상의 중간 정점

```
void path (index q, index r)
{
  if (P[q][r] != 0) {
    path(q, P[q][r]);
    system.out.print(" v"+P[q][r]);
    path(P[q][r], r);
  }
}
```

▶ 실행 예

Floyd의 알고리즘을 사용하여 다음 그래프의 최단 경로를 구하는 과정을 다음과 같다.

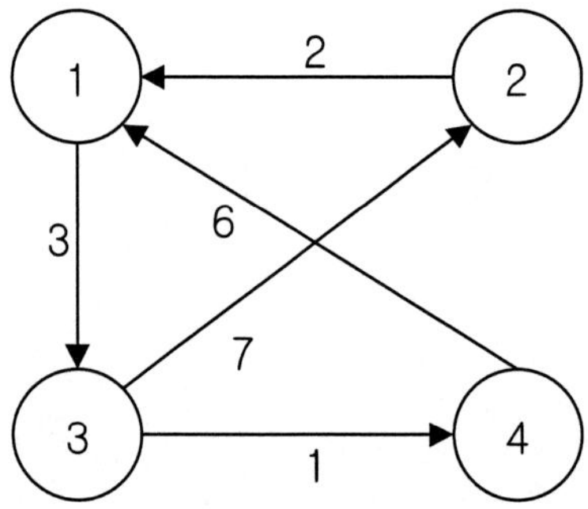


$$D^{(0)} = \begin{bmatrix} 0 & \infty & 3 & \infty \\ 2 & 0 & \infty & \infty \\ \infty & 7 & 0 & 1 \\ 6 & \infty & \infty & 0 \end{bmatrix}$$

$$D^{(1)} = \begin{bmatrix} 0 & \infty & 3 & \infty \\ 2 & 0 & 5 & \infty \\ \infty & 7 & 0 & 1 \\ 6 & \infty & 9 & 0 \end{bmatrix}$$

$$D^{(2)} = \begin{bmatrix} 0 & \infty & 3 & \infty \\ 2 & 0 & 5 & \infty \\ 9 & 7 & 0 & 1 \\ 6 & \infty & 9 & 0 \end{bmatrix}$$

$$D^{(3)} = \begin{bmatrix} 0 & 10 & 3 & 4 \\ 2 & 0 & 5 & 6 \\ 9 & 7 & 0 & 1 \\ 6 & 16 & 9 & 0 \end{bmatrix}$$

$$D^{(4)} = \begin{bmatrix} 0 & 10 & 3 & 4 \\ 2 & 0 & 5 & 6 \\ 7 & 7 & 0 & 1 \\ 6 & 16 & 9 & 0 \end{bmatrix}$$

$$P = \begin{bmatrix} 0 & 3 & 0 & 3 \\ 0 & 0 & 1 & 3 \\ 4 & 0 & 0 & 0 \\ 0 & 3 & 1 & 0 \end{bmatrix}$$

## (5) 연쇄 행렬 곱셈

▶ 일반적으로, $i \times j$ 행렬과 $j \times k$ 행렬을 곱하면, $i \times j \times k$ 횟수만큼의 기본곱셈을 수행한다. 다음과 같은 4개의 행렬을 곱하는 문제를 고려해 보자.

| A | × | B | × | C | × | D |
|---|---|---|---|---|---|---|
| 20×2 | | 2×30 | | 30×12 | | 12×8 |

4개의 행렬을 곱할 때 5가지 서로 다른 순서로 곱할 수 있는데, 각 순서마다 기본곱셈의 수행 횟수는 다르다.

| | | |
|---|---|---|
| A(B(CD)) | 30×12×8+2×30×8+20×2×8 | =3,680 |
| (AB)(CD) | 20×2×30+30×12×8+20×30×8 | =8,880 |
| A((BC)D) | 2×30×12+2×12×8+20×2×8 | =1,232 |
| ((AB)C)D | 20×2×30+20×30×12+20×12×8 | =10,320 |
| (A(BC))D | 2×30×12+20×2×12+20×12×8 | =3,120 |

n개 행렬 $(A_1, A_2, \cdots, A_n)$을 곱할 수 있는 모든 순서의 가지 수를 $t_n$이라 하자. $A_1(A_2A_3 \cdots A_n), (A_1A_2 \cdots A_{n-1})A_n$는 곱하는 모든 순서의 집합의 부분집합이 된다. 따라서 다음과 같은 부등식을 얻을 수 있다.

$$t_n \geq t_{n-1} + t_{n-1} = 2t_{n-1}$$

$$t_2 = 1$$

$$(r-2) = 0$$
$$t_n = c_1 2^n$$
$$t_2 = c_1 2^2 = 1$$
$$c_1 = \frac{1}{4}$$
$$t_n = \frac{1}{4}2^n = 2^{n-2} \in \Theta(2^n)$$

▶ 동적계획법

$d_0$을 $A_1$의 행의 개수라 하고, $d_k$를 $A_k$의 열의 개수라 하면, $A_k$의 크기는 $d_{k-1} \times d_k$가 된다.

(1) 연쇄 행렬 곱셈을 위한 재귀 관계식

$$M[i,j] = \begin{cases} \underset{i \leq k \leq j-1}{minimum} (M[i][k] + M[k+1][j] + d_{i-1}d_kd_j) & if\ i \neq j \\ 0 & i = j \end{cases}$$

(2) 재귀 관계식을 상향식으로 반복하여 문제의 사례를 해결한다.

▶ 알고리즘

- 문제: n개의 행렬을 곱하는데 필요한 기본곱셈 횟수의 최소값과 최소값을 주는 순서를 구하라.
- 입력: 행렬 개수 n, 행렬의 차원을 나타내는 정수 배열 d. 여기서 $d[i-1] \times d[i]$는 i번째 행렬의 크기이다.
- 출력: n개 행렬을 곱하는데 필요한 기본곱셈 횟수의 최소값 minmulti, 최적의 순서를 구할 수 있는 2차원 배열 P.

```
int minmulti(int n, int[ ] d, index[ ][ ] P)
{
  index i, j, k, diagonal;
  int [ ][ ] M= new int [1..n][1..n];
  for (i=1; i<=n; i++)
    M[i][i] = 0;
  for (diagonal=1; diagonal<=n-1; diagonal++)
    for (i=1; i<=n-diagonal; i++) {
      j=i+diagonal;
      M[i][j]= min_{i ≤ k ≤ j-1}(M[i][k] + M[k+1][j] + d[i-1]d[k]d[j]);
      P[i][j]=a value of k that gave the minimum;
    }
  return M[1][n];
}
```

▶ 시간복잡도 분석

- 단위연산: k 값을 얻기 위해 실행하는 명령문
- 입력크기: 행렬의 개수 n

최소값을 구하기 위하여 k 루프를 수행한다.

$j-1-i+1 = i+diagonal-1-i+1 = diagonal$

모든 경우 시간복잡도는 다음과 같다.

$$T(n) = \sum_{diagonal=1}^{n-1} [(n-diagonal)\times diagonal]$$

$$= \frac{n^2(n-1)}{2} - \frac{n(n-1)(2n-1)}{6}$$

$$= \frac{n(n-1)(n+1)}{6} \in \Theta(n^3)$$

▶ 알고리즘: 최적 순서 출력

문제: n개 행렬을 곱하는 최적의 순서를 출력.

입력: n과 minmulti 알고리즘에서 생성된 P.

출력: 행렬을 곱하는 최적의 순서.

```
void order (index i, index j)
{
  if ( i == j)
    system.out.print("A"+i);
  else {
    k = P[i][j];
    system.out.print("(");
    order(i, k);
    order(k+1, j);
    system.out.print(")");
  }
}
```

▶ 실행 예

다음 6개 행렬이 있다고 하자. 6개의 행렬을 곱하는데 필요한 기본곱셈 횟수의 최소값과 최소값을 주는 순서를 구하시오.

| 행렬 | 차원 |
|---|---|
| $A_1$ | 30×35 |
| $A_2$ | 35×15 |
| $A_3$ | 15×5 |
| $A_4$ | 5×10 |
| $A_5$ | 10×20 |
| $A_6$ | 20×25 |

M=

| | 1 | 2 | 3 | 4 | 5 | 6 |
|---|---|---|---|---|---|---|
| 1 | 0 | 15,750 | 7,875 | 9,375 | 11,875 | 15,125 |
| 2 | | 0 | 2,625 | 4,375 | 7,125 | 10,500 |
| 3 | | | 0 | 750 | 2,500 | 5,375 |
| 4 | | | | 0 | 1,000 | 3,500 |
| 5 | | | | | 0 | 5,000 |
| 6 | | | | | | 0 |

P=

| | 1 | 2 | 3 | 4 | 5 | 6 |
|---|---|---|---|---|---|---|
| 1 | | 1 | 1 | 3 | 3 | 3 |
| 2 | | | 2 | 3 | 3 | 3 |
| 3 | | | | 3 | 3 | 3 |
| 4 | | | | | 4 | 5 |
| 5 | | | | | | 5 |

▶ order(1, 6)의 출력 결과

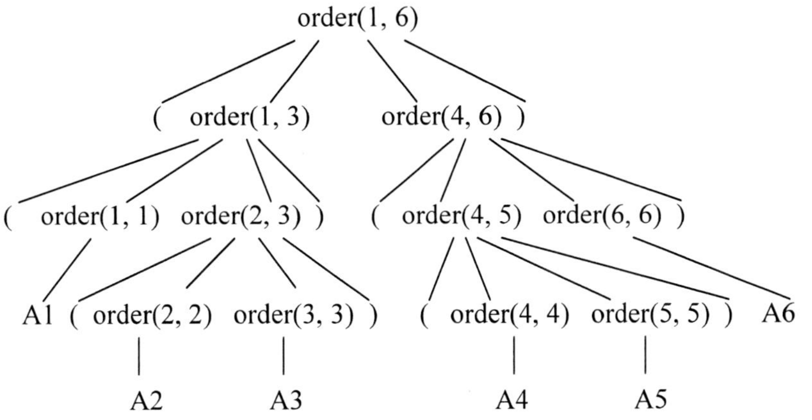


((A1(A2A3))((A4A5)A6))

## (6) 최적 이진검색 트리

▶ 이진 검색 트리는 컴퓨터 과학에서 가장 중요한 자료 구조 중의 하나이다. 그것의 기본 응용 중의 하나는 사전이다. 만일 집합의 원소들에 대한 검색 확률이 알려져 있다면, 검색에서 평균 비교 횟수가 최소인 최적 이진검색 트리를 구축할 수 있다.

예를 들어, 확률 0.1, 0.2, 0.4, 0.3으로 각각 검색되어지는 키 A, B, C, D를 고려해 보자. 그러한 키를 포함하는 14가지 가능 이진검색 트리 중에 2가지를 고려해 보다.

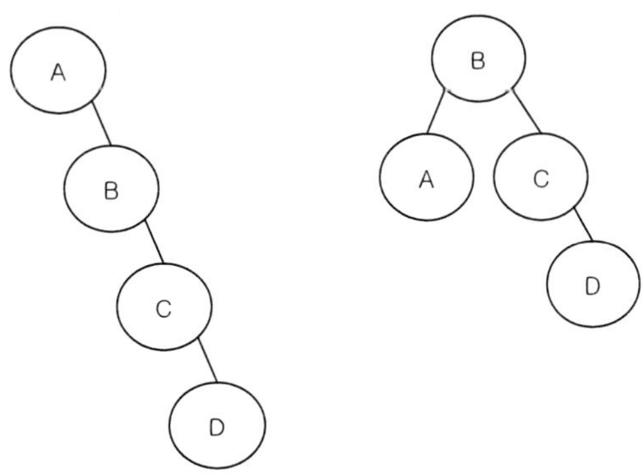


(1) (2)

첫 번째 이진검색 트리의 성공적인 검색에서 평균 비교 횟수는 0.1*1+0.2*2+0.4*3+0.3*4=2.9이고, 두 번째 이진검색 트리의 성공적인 검색에서 평균 비교 횟수는 0.1*2+0.2*1+0.4*2+0.3*3=2.1이다.

▶ $Key_k$가 뿌리에 오는 경우, 최적 이진검색 트리

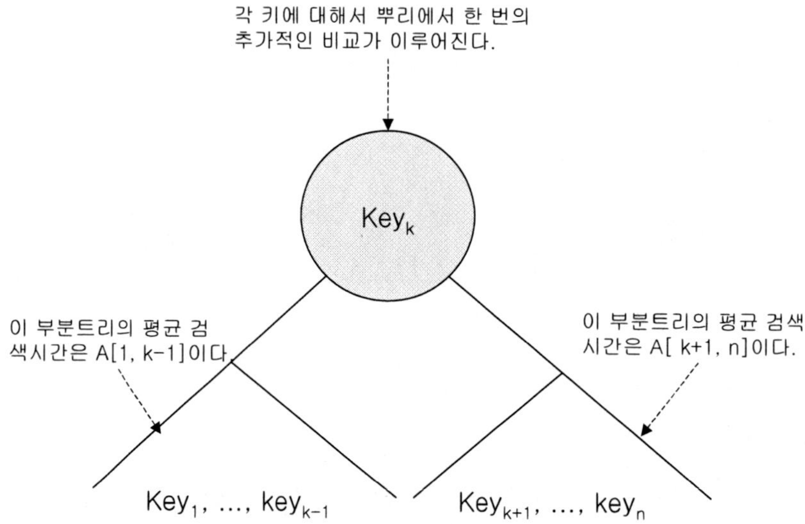


트리 k에 대한 평균 검색시간은 다음과 같다.

$$A[1,k-1]+p_1+\cdots+p_{k-1}+p_k+A[k+1,n]+p_{k+1}+\cdots+p_n$$
$$=A[1,k-1]+A[k+1,n]+\sum_{m=1}^{n}p_m$$

k개의 트리 중 하나는 반드시 최적이기 때문에, 최적 트리의 평균 검색시간은 다음과 같다.

$$A[1,n]=\min_{1\le k\le n}(A[1,k-1]+A[k+1,j])+\sum_{m=1}^{n}p_m$$

▶ 동적계획법

(1) 최적 이진검색 트리를 위한 재귀 관계식

$$A[i,j]=\min_{i\le k\le j}(A[i,k-1]+A[k+1,j])+\sum_{m=i}^{j}p_m \quad i<j$$
$$A[i,i]=p_i$$
$A[i,i-1]$과 $A[j+1,j]$는 0으로 정의 된다.

(2) 재귀 관계식을 상향식으로 반복하여 문제의 사례를 해결한다.

▶ 알고리즘

- 문제: 동적계획법으로 최적 이진트리를 찾아라.
- 입력: n 키의 정렬된 리스트에 대한 검색확률 배열 p[1..n]
- 출력: 최적 이진트리에서 성공적인 검색에서 평균 비교 횟수와 최적 이진트리에서 부분트리의 루트들의 테이블 R

```
float OBST (int n, float [ ] p, index [ ][ ] R)
{
  index i, j, k, diagonal;
  float minavg;
  float [ ][ ] A = new float [1..n+1][0..n];
  for (i=1; i<=n; i++) {
    A[i][i-1]=0;
    A[i][i]=p[i];
    R[i][i]=i;
    R[i][i-1]=0;
  }
  A[n+1][n]=0;
  R[n+1][n]=0;
  for (diagonal=1; diagonal<=n-1; diagonal++)
    for (i=1; i<=n-diagonal; i++) {
      j=i+diagonal;
      A[i, j]= min_{i ≤ k ≤ j}(A[i, k-1] + A[k+1, j]) + Σ_{m=i}^{j} p_m;
      R[i, j]=a value of k that gave the minimum;
    }
  minavg=A[1, n];
}
```

$$A[i,j] = \min_{i \le k \le j}(A[i,k-1] + A[k+1,j]) + \sum_{m=i}^{j} p_m$$

▶ 모든 경우 시간복잡도

이 알고리즘의 제어는 연쇄 행렬 곱셈과 유사하다.

$$T(n) = \frac{n(n-1)(n+4)}{6} \in \Theta(n^3)$$

▶ 알고리즘: 최적 이진검색 트리 구축

문제: 최적 이진검색 트리 구축

자료구조: 최적 이진검색 트리 구축 알고리즘은 다음 자료 객체를 사용한다.

```
public class nodetuype
{
   keytype key;
   nodetype left;
   nodetype right;
}
```

입력: n(키의 개수), n개 키를 순서대로 가지고 있는 배열 Key, OBST 알고리즘에서 생성된 배열 R.

출력: n개 키를 가지고 있는 최적 이진검색 트리를 가리키는 포인터 tree

```
nodetype tree (index i, index j)
{
  index k;
  nodetype p;

  k = R[i][j];
  if (k == 0)
    return null;
  else {
    p = new nodetype();
    p.key = Key[k];
    p.left = tree(i, k-1);
    p.right = tree(k+1, j);
    return p;
```

```
    }
}
```

▶ 실행 예

최적 이진검색 트리의 앞부분에서 사용된 4개의 키를 적용하여 이 알고리즘을 설명한다.

| 키 | A | B | C | D |
|---|---|---|---|---|
| 확률 | 0.1 | 0.2 | 0.4 | 0.3 |

A=

| | 0 | 1 | 2 | 3 | 4 |
|---|---|---|---|---|---|
| 1 | 0 | 0.1 | 0.4 | 1.1 | 1.7 |
| 2 | | 0 | 0.2 | 0.8 | 1.4 |
| 3 | | | 0 | 0.4 | 1.0 |
| 4 | | | | 0 | 0.3 |
| 5 | | | | | 0 |

R=

| | 0 | 1 | 2 | 3 | 4 |
|---|---|---|---|---|---|
| 1 | 0 | 1 | 2 | 3 | 3 |
| 2 | | 0 | 2 | 3 | 3 |
| 3 | | | 0 | 3 | 3 |
| 4 | | | | 0 | 4 |
| 5 | | | | | 0 |

따라서 이 예의 최적 이진트리는 다음과 같다.

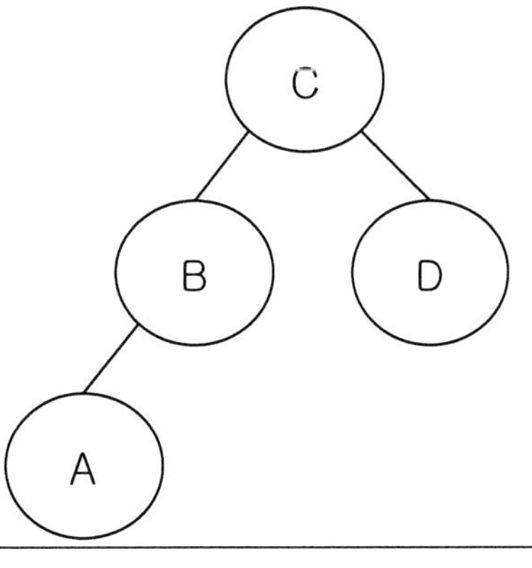

## 3. 예비예제

**문 제 1**

다음과 같은 행렬 W로 표시된 가중치 포함 방향 그래프에서 Floyd의 알고리즘을 사용하여 모든 최단 경로의 길이 행렬 D와 P를 구하는 Java 프로그램을 작성하고, 그 실행결과를 보이시오.

$$W=\begin{bmatrix} 0 & \infty & \infty & 4 & \infty & \infty & \infty & 8 \\ \infty & 0 & \infty & 5 & \infty & \infty & \infty & \infty \\ \infty & \infty & 0 & \infty & \infty & 5 & \infty & 5 \\ \infty & \infty & 4 & 0 & \infty & 10 & \infty & 3 \\ 2 & \infty & \infty & \infty & 0 & \infty & \infty & \infty \\ \infty & 4 & \infty & \infty & \infty & 0 & \infty & \infty \\ \infty & \infty & \infty & \infty & \infty & 2 & 0 & \infty \\ \infty & \infty & \infty & \infty & 3 & \infty & \infty & 0 \end{bmatrix}$$

**해 답**

▶ Java 프로그램

```
class Floyd2 {
        public static void floyd (double [ ] [ ] a, int [ ] [ ] p) {
                int n = a.length;
                for (int k = 0; k < n; k++) {
                        for (int i = 0; i < n; i++)  {
                                for (int j = 0; j < n; j++) {
                                        //if  ((a[i][k]  !=  Integer.MAX_VALUE)
&&
                                                //(a[k][j]                    !=
Integer.MAX_VALUE)) {
                                                double m = a[i][k] + a[k][j];
//System.out.println("i j " + i + " " + j + " " + m + " " + a[i][j] + " " + (m <
a[i][j]));
                                                if (m < a[i][j]) {
                                                  p[i][j]=k;
                                                        a[i][j] = m;
                                        }
                                }
                        }
                System.out.println("iteration " + k);
                putmatrix(a, p);
                }
        }

        public static void putmatrix (double [ ] [ ] a, int [ ] [ ] p) {
```

```
                for (int i = 0; i < 8; i++) {
                for (int j = 0; j < 8; j++)
                System.out.print(" " + a[i][j]);
                System.out.println(" ");
                }
                System.out.println(" ");
                for (int i = 0; i < 8; i++) {
                for (int j = 0; j < 8; j++)
                System.out.print(" " + p[i][j]);
                System.out.println(" ");
                }
        }

        public static void main (String [ ] args) {
                double [ ] [ ] a = new double[8][8];
                int [ ][ ] p = new int[8][8];
                for (int i = 0; i < 8; i++) {
                        for (int j = 0; j < 8; j++) {
                                a[i][j] = Double.POSITIVE_INFINITY;
                                p[i][j] = 0;
                        }
                        a[i][i] = 0.0;
                }
                a[0][3] = 4;
                a[0][7] = 8;
                a[1][3] = 5;
                a[2][5] = 5;
                a[2][7] = 3;
                a[3][2] = 4;
                a[3][5] = 10;
                a[3][7] = 3;
                a[4][0] = 2;
                a[5][1] = 4;
                a[6][5] = 2;
                a[7][4] = 3;
                putmatrix(a, p);

                floyd(a, p);
                putmatrix(a, p);
        }
}
```

▶ 실행결과

```
0.0 Infinity Infinity 4.0 Infinity Infinity Infinity 8.0
Infinity 0.0 Infinity 5.0 Infinity Infinity Infinity Infinity
Infinity Infinity 0.0 Infinity Infinity 5.0 Infinity 3.0
```

```
Infinity Infinity 4.0 0.0 Infinity 10.0 Infinity 3.0
2.0 Infinity Infinity Infinity 0.0 Infinity Infinity Infinity
Infinity 4.0 Infinity Infinity Infinity 0.0 Infinity Infinity
Infinity Infinity Infinity Infinity Infinity 2.0 0.0 Infinity
Infinity Infinity Infinity Infinity 3.0 Infinity Infinity 0.0

0 0 0 0 0 0 0 0
0 0 0 0 0 0 0 0
0 0 0 0 0 0 0 0
0 0 0 0 0 0 0 0
0 0 0 0 0 0 0 0
0 0 0 0 0 0 0 0
0 0 0 0 0 0 0 0
0 0 0 0 0 0 0 0

iteration 0
0.0 Infinity Infinity 4.0 Infinity Infinity Infinity 8.0
Infinity 0.0 Infinity 5.0 Infinity Infinity Infinity Infinity
Infinity Infinity 0.0 Infinity Infinity 5.0 Infinity 3.0
Infinity Infinity 4.0 0.0 Infinity 10.0 Infinity 3.0
2.0 Infinity Infinity 6.0 0.0 Infinity Infinity 10.0
Infinity 4.0 Infinity Infinity Infinity 0.0 Infinity Infinity
Infinity Infinity Infinity Infinity Infinity 2.0 0.0 Infinity
Infinity Infinity Infinity Infinity 3.0 Infinity Infinity 0.0

0 0 0 0 0 0 0 0
0 0 0 0 0 0 0 0
0 0 0 0 0 0 0 0
0 0 0 0 0 0 0 0
0 0 0 0 0 0 0 0
0 0 0 0 0 0 0 0
0 0 0 0 0 0 0 0
0 0 0 0 0 0 0 0

iteration 1
0.0 Infinity Infinity 4.0 Infinity Infinity Infinity 8.0
Infinity 0.0 Infinity 5.0 Infinity Infinity Infinity Infinity
Infinity Infinity 0.0 Infinity Infinity 5.0 Infinity 3.0
Infinity Infinity 4.0 0.0 Infinity 10.0 Infinity 3.0
2.0 Infinity Infinity 6.0 0.0 Infinity Infinity 10.0
Infinity 4.0 Infinity 9.0 Infinity 0.0 Infinity Infinity
Infinity Infinity Infinity Infinity Infinity 2.0 0.0 Infinity
Infinity Infinity Infinity Infinity 3.0 Infinity Infinity 0.0

0 0 0 0 0 0 0 0
0 0 0 0 0 0 0 0
0 0 0 0 0 0 0 0
```

```
0 0 0 0 0 0 0 0
0 0 0 0 0 0 0 0
0 0 0 1 0 0 0 0
0 0 0 0 0 0 0 0
0 0 0 0 0 0 0 0

iteration 2
 0.0 Infinity Infinity 4.0 Infinity Infinity Infinity 8.0
 Infinity 0.0 Infinity 5.0 Infinity Infinity Infinity Infinity
 Infinity Infinity 0.0 Infinity Infinity 5.0 Infinity 3.0
 Infinity Infinity 4.0 0.0 Infinity 9.0 Infinity 3.0
 2.0 Infinity Infinity 6.0 0.0 Infinity Infinity 10.0
 Infinity 4.0 Infinity 9.0 Infinity 0.0 Infinity Infinity
 Infinity Infinity Infinity Infinity Infinity 2.0 0.0 Infinity
 Infinity Infinity Infinity Infinity 3.0 Infinity Infinity 0.0

 0 0 0 0 0 0 0 0
 0 0 0 0 0 0 0 0
 0 0 0 0 0 0 0 0
 0 0 0 0 0 2 0 0
 0 0 0 0 0 0 0 0
 0 0 0 1 0 0 0 0
 0 0 0 0 0 0 0 0
 0 0 0 0 0 0 0 0

iteration 3
 0.0 Infinity 8.0 4.0 Infinity 13.0 Infinity 7.0
 Infinity 0.0 9.0 5.0 Infinity 14.0 Infinity 8.0
 Infinity Infinity 0.0 Infinity Infinity 5.0 Infinity 3.0
 Infinity Infinity 4.0 0.0 Infinity 9.0 Infinity 3.0
 2.0 Infinity 10.0 6.0 0.0 15.0 Infinity 9.0
 Infinity 4.0 13.0 9.0 Infinity 0.0 Infinity 12.0
 Infinity Infinity Infinity Infinity Infinity 2.0 0.0 Infinity
 Infinity Infinity Infinity Infinity 3.0 Infinity Infinity 0.0

 0 0 3 0 0 3 0 3
 0 0 3 0 0 3 0 3
 0 0 0 0 0 0 0 0
 0 0 0 0 0 2 0 0
 0 0 3 0 0 3 0 3
 0 0 3 1 0 0 0 3
 0 0 0 0 0 0 0 0
 0 0 0 0 0 0 0 0

iteration 4
 0.0 Infinity 8.0 4.0 Infinity 13.0 Infinity 7.0
 Infinity 0.0 9.0 5.0 Infinity 14.0 Infinity 8.0
```

```
 Infinity Infinity 0.0 Infinity Infinity 5.0 Infinity 3.0
 Infinity Infinity 4.0 0.0 Infinity 9.0 Infinity 3.0
 2.0 Infinity 10.0 6.0 0.0 15.0 Infinity 9.0
 Infinity 4.0 13.0 9.0 Infinity 0.0 Infinity 12.0
 Infinity Infinity Infinity Infinity Infinity 2.0 0.0 Infinity
 5.0 Infinity 13.0 9.0 3.0 18.0 Infinity 0.0

 0 0 3 0 0 3 0 3
 0 0 3 0 0 3 0 3
 0 0 0 0 0 0 0 0
 0 0 0 0 0 2 0 0
 0 0 3 0 0 3 0 3
 0 0 3 1 0 0 0 3
 0 0 0 0 0 0 0 0
 4 0 4 4 0 4 0 0

iteration 5
 0.0 17.0 8.0 4.0 Infinity 13.0 Infinity 7.0
 Infinity 0.0 9.0 5.0 Infinity 14.0 Infinity 8.0
 Infinity 9.0 0.0 14.0 Infinity 5.0 Infinity 3.0
 Infinity 13.0 4.0 0.0 Infinity 9.0 Infinity 3.0
 2.0 19.0 10.0 6.0 0.0 15.0 Infinity 9.0
 Infinity 4.0 13.0 9.0 Infinity 0.0 Infinity 12.0
 Infinity 6.0 15.0 11.0 Infinity 2.0 0.0 14.0
 5.0 22.0 13.0 9.0 3.0 18.0 Infinity 0.0

 0 5 3 0 0 3 0 3
 0 0 3 0 0 3 0 3
 0 5 0 5 0 0 0 0
 0 5 0 0 0 2 0 0
 0 5 3 0 0 3 0 3
 0 0 3 1 0 0 0 3
 0 5 5 5 0 0 0 5
 4 5 4 4 0 4 0 0

iteration 6
 0.0 17.0 8.0 4.0 Infinity 13.0 Infinity 7.0
 Infinity 0.0 9.0 5.0 Infinity 14.0 Infinity 8.0
 Infinity 9.0 0.0 14.0 Infinity 5.0 Infinity 3.0
 Infinity 13.0 4.0 0.0 Infinity 9.0 Infinity 3.0
 2.0 19.0 10.0 6.0 0.0 15.0 Infinity 9.0
 Infinity 4.0 13.0 9.0 Infinity 0.0 Infinity 12.0
 Infinity 6.0 15.0 11.0 Infinity 2.0 0.0 14.0
 5.0 22.0 13.0 9.0 3.0 18.0 Infinity 0.0

 0 5 3 0 0 3 0 3
 0 0 3 0 0 3 0 3
```

```
0 5 0 5 0 0 0 0
0 5 0 0 0 2 0 0
0 5 3 0 0 3 0 3
0 0 3 1 0 0 0 3
0 5 5 5 0 0 0 5
4 5 4 4 0 4 0 0

iteration 7
 0.0 17.0 8.0 4.0 10.0 13.0 Infinity 7.0
 13.0 0.0 9.0 5.0 11.0 14.0 Infinity 8.0
 8.0 9.0 0.0 12.0 6.0 5.0 Infinity 3.0
 8.0 13.0 4.0 0.0 6.0 9.0 Infinity 3.0
 2.0 19.0 10.0 6.0 0.0 15.0 Infinity 9.0
 17.0 4.0 13.0 9.0 15.0 0.0 Infinity 12.0
 19.0 6.0 15.0 11.0 17.0 2.0 0.0 14.0
 5.0 22.0 13.0 9.0 3.0 18.0 Infinity 0.0

 0 5 3 0 7 3 0 3
 7 0 3 0 7 3 0 3
 7 5 0 7 7 0 0 0
 7 5 0 0 7 2 0 0
 0 5 3 0 0 3 0 3
 7 0 3 1 7 0 0 3
 7 5 5 5 7 0 0 5
 4 5 4 4 0 4 0 0

 0.0 17.0 8.0 4.0 10.0 13.0 Infinity 7.0
 13.0 0.0 9.0 5.0 11.0 14.0 Infinity 8.0
 8.0 9.0 0.0 12.0 6.0 5.0 Infinity 3.0
 8.0 13.0 4.0 0.0 6.0 9.0 Infinity 3.0
 2.0 19.0 10.0 6.0 0.0 15.0 Infinity 9.0
 17.0 4.0 13.0 9.0 15.0 0.0 Infinity 12.0
 19.0 6.0 15.0 11.0 17.0 2.0 0.0 14.0
 5.0 22.0 13.0 9.0 3.0 18.0 Infinity 0.0

 0 5 3 0 7 3 0 3
 7 0 3 0 7 3 0 3
 7 5 0 7 7 0 0 0
 7 5 0 0 7 2 0 0
 0 5 3 0 0 3 0 3
 7 0 3 1 7 0 0 3
 7 5 5 5 7 0 0 5
 4 5 4 4 0 4 0 0
```

## 문 제 2

다음 5개 행렬이 있다고 하자. 5개 행렬를 곱하는데 필요한 기본 곱셈 횟수의 최소값과 최소값을 주는 순서를 구하는 Java 프로그램을 작성하고, 그 결과를 보이시오.

| 행렬 | 차원 |
|---|---|
| A1 | 50×10 |
| A2 | 10×40 |
| A3 | 40×30 |
| A4 | 30×5 |

**해 답**

▶ Java 프로그램

```
public class ChainMulti
{
    public static final long INFINITY = Long.MAX_VALUE;

    public static void optMatrix( int [ ] c, long [ ][ ] m, int [ ][ ] lastChange )
    {
        int n = c.length - 1;

        for( int left = 1; left <= n; left++ )
            m[ left ][ left ] = 0;
        for( int k = 1; k < n; k++ )    // k is right - left
            for( int left = 1; left <= n - k; left++ )
            {
                // For each position
                int right = left + k;
                m[ left ][ right ] = INFINITY;
                for( int i = left; i < right; i++ )
                {
                    long thisCost = m[ left ][  i ] + m[ i + 1 ][ right ]
                         + c[ left - 1 ] * c[ i ] * c[ right ];
                    if( thisCost < m[ left ][ right ] )  // Update min
                    {
                        m[ left ][ right ] = thisCost;
                        lastChange[ left ][ right ] = i;
                    }
                }
            }
    }

    public static void main( String [ ] args )
    {
        int [ ] c = { 50, 10, 40, 30, 5 };
        long [ ][ ] m = new long [ 5 ][ 5 ];
        int lastChange[ ][ ] = new int [ 5 ][ 5 ];
```

```
        optMatrix( c, m, lastChange );
        for( int i = 1; i <= 4; i++ )
        {
            for( int j = 1; j <= 4; j++ )
                System.out.print( m[ i ][ j ] + "    " );
            System.out.println( );
        }
        for( int i = 1; i <= 4; i++ )
        {
            for( int j = 1; j <= 4; j++ )
                System.out.print( lastChange[ i ][ j ] + "    " );
            System.out.println( );
        }
    }
}
```

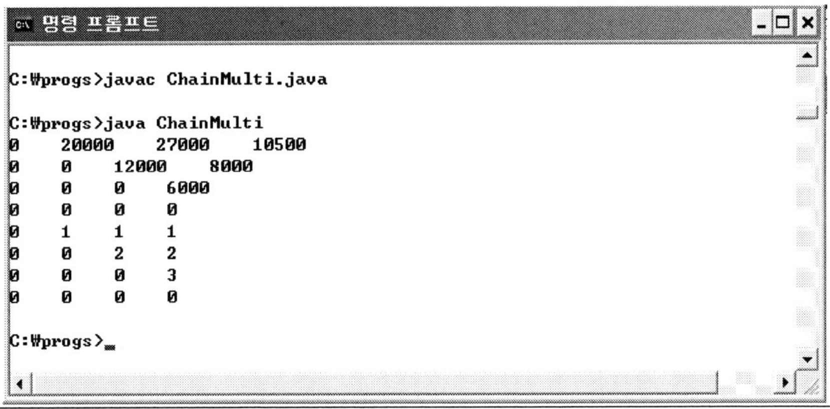


# 4. 실습문제

**문 제**

다음 키에 대한 최적 이진검색 트리를 구축을 위한 평균 비교 횟수와 최적 이진트리에서 부분트리의 루트들의 테이블 R을 보여주는 Java 프로그램을 작성하고, 그 실행 결과를 보이시오.

| 키 | A | B | C | D | E | F |
|---|---|---|---|---|---|---|
| 확률 | 0.2 | 0.24 | 0.16 | 0.28 | 0.04 | 0.08 |

| 해 답 |
| --- |
| |

| 담당교수 | 확인 |
| --- | --- |

# 제 8 장 탐욕기법

## 1. 학습목표

탐욕기법은 순서대로 데이터 아이템을 선택하는데, 이전에 결정했거나 이후에 결정할 선택과는 상관없는 어떤 기준에 따라 그 당시 "가장 최고"라고 생각되는 것을 매번 선택한다. 이 장에서는 탐욕기법으로 설계된 알고리즘과 그것의 Java 프로그램 작성에 대하여 학습한다.

## 2. 예비지식

▶ 탐욕적 알고리즘은 일련의 선택을 하여 해답에 도달하는데, 선택할 때마다 당시 가장 최고의 것처럼 보이는 것을 선택한다. 즉, 각 선택은 국부적으로 최적이다. 전체적으로 최적인 해답을 얻는 것이 목표지만, 항상 그렇게 되지는 않는다. 따라서 이 알고리즘이 항상 최적의 해답을 주는지 반드시 확인해야 한다.

▶ 탐욕기법은 한 번에 한 개의 입력을 고려하면서 단계적으로 작동하는 알고리즘을 개발할 수 있는 방법을 제공해 준다. 각 단계에서, 특정 입력이 최적 해에 속하는지의 여부에 관한 결정이 내려진다. 이는 어떤 선택 절차(selection procedure)에 의해 결정된 순서에 따라 입력을 고려함으로써 수행되어진다. 선택된 입력을 부분적으로 구성된 최적 해에 포함시켰을 때 불가능 해를 만들어 낸다면, 그 입력은 부분 해에 포함시키지 않는다. 그렇지 않으면, 부분 해에 추가시킨다.

▶ 추상적인 탐욕 알고리즘

```
SolType Greedy(Type a[ ], int n)
// a[1..n] contains the n integers.
{
  SolType solution = EMPTY;
```

```
  for (int i=1; i<=n; i++) {
    Type x = Select(a);
    if Feasible(solution, x);
  }
  return solution;
}
```

### (1) 최소비용 신장 트리 문제

▶ 연결된 가중치 포함 비 방향 그래프 G에서 이음선을 제거하지만, 남아 있는 정점들은 모두 연결되어 있고, 남아 있는 이음선의 가중치의 합은 가능한 한 최소가 되도록 부분 그래프를 만드는 문제를 고려해 보자. 최소 가중치를 가진 부분 그래프는 반드시 트리가 된다. 왜냐하면, 부분 그래프가 트리가 아니면, 순환 경로가 존재하게 되고, 순환 경로상의 어떤 이음선도 제거할 수 있으므로, 더 작은 가중치를 가진 연결 그래프가 생기기 때문이다.

▶ 정의 8.1: 비 방향 그래프(undirected graph) G는 정점의 유한집합 V와 V에 속한 정점의 쌍의 집합 E로 구성된다. 이 쌍들을 G의 이음선이라고 한다. G는 다음과 같이 표현된다.

$$G=(V,E)$$

▶ 정의 8.2: 연결 그래프의 신장 트리는 그 그래프의 모든 정점을 포함하는 연결 그래프의 연결 비 순환 서브그래프이다. 가중 연결 그래프의 최소 신장 트리는 최소 가중치를 갖는 연결 그래프의 신장 트리이다. 여기서 트리의 가중치는 모든 이음선의 가중치들의 합으로 정의된다. 최소 신장 트리 문제는 주어진 가중 연결 그래프에 대한 최소비용 신장 트리를 찾는 문제이다.

▶ 신장 트리는 $T=(V,F)$로 표시한다. 문제는 $T=(V,F)$가 G에 대한 최소비용 신장 트리가 되도록 E의 부분집합 F를 찾는 것이다.

▶ 최소비용 신장 트리 문제의 응용분야

– 도로 건설

- 전화통신망에서 케이블 설치
- 하수도 배관공사

▶ 그래프와 그 그래프의 신장트리들; $T_1$이 최소비용 신장 트리이다.

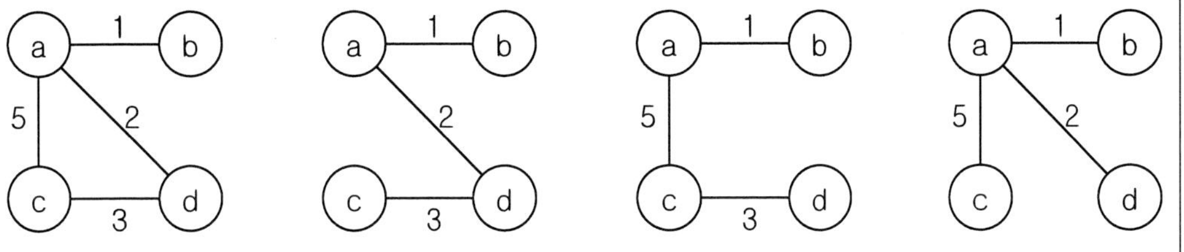

그래프　　w($T_1$)=6　　w($T_2$)=9　　w($T_3$)=8

## ① Prim의 알고리즘

▶ Prim의 알고리즘은 일련의 서브트리 확장을 통하여 최소비용 신장 트리를 구축한다. 초기 서브 트리는 그래프의 정점들의 집합 V로부터 임의로 선택된 하나의 정점으로 구성된다. 각 반복에서, 그 서브트리에 없는 최 근접 정점을 그 서브 트리에 간단히 붙이는 탐욕적인 방법으로 현재 트리를 확장한다. 그 그래프의 모든 정점들이 구축되는 서브 트리에 포함되어지면, 그 알고리즘은 중지된다.

▶ 알고리즘

- 자료구조: i=2, ..., n에 대하여, 다음과 같은 2개의 배열을 유지한다.
  - √ nearest[i]=$v_i$에 가장 가까운 서브 트리 Y에 속한 정점의 인덱스
  - √ distance[i]=$v_i$와 nearest[i]가 인덱스인 두 정점을 연결하는 이음선의 가중치
- 문제: 최소비용 신장 트리 구축
- 입력: 정점의 개수가 n≥2인 가중 연결 그래프
- 출력: 최소비용 신장 트리를 구축하는 이음선들의 집합 F

```
set_of_edges prim(int n, number[ ][ ] W)
{
  index i, vnear;
  number min;
```

```
  edge e;
  set_of_edges F;
  index[ ] nearest = new index [2..n];
  number[ ] distance = new number [2..n];

  F = Ø;
  for (i=2; i<=n; i++) {
    nearest[i]=1;
    distance[i]=W[1][i];
  }
  repeat (n-1 times) {
    min=∞;
    for (i=2; i<=n; i++)
      if (0<=distance[i]<min) {
        min=distance[i];
        vnear=i;
      }
    e = edge connecting vertices indexed by vnear and nearest[vnear];
    add e to F;
    distance[vnear] = -1;
    for (i=1; i<=n; i++)
      if (W[i][vnear]<distance[i]) {
        distance[i]=W[i][vnear];
        nearest[i]=vnear;
      }
  }
  return F;
}
```

▶ 실행 예: Prim의 알고리즘을 사용하여 다음 가중 연결 그래프에서 최소비용 신장 트리를 구하시오.

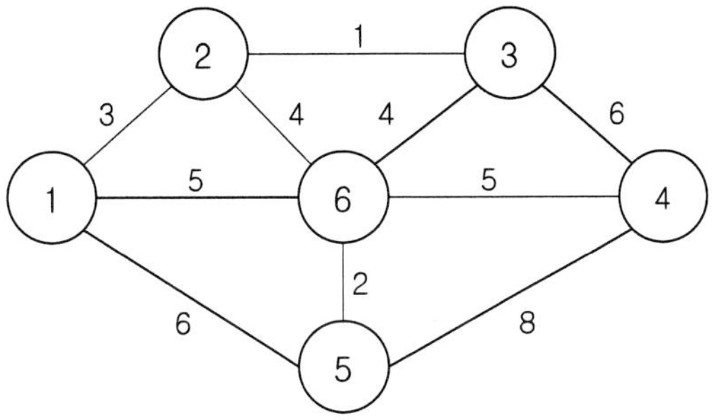

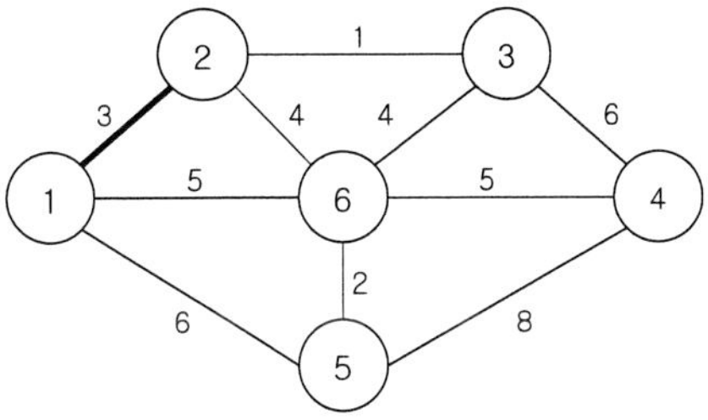

| | 2 | 3 | 4 | 5 | 6 |
|---|---|---|---|---|---|
| nearest | 1 | 1 | 1 | 1 | 1 |

| | 2 | 3 | 4 | 5 | 6 |
|---|---|---|---|---|---|
| distance | 3 | ∞ | ∞ | 6 | 5 |

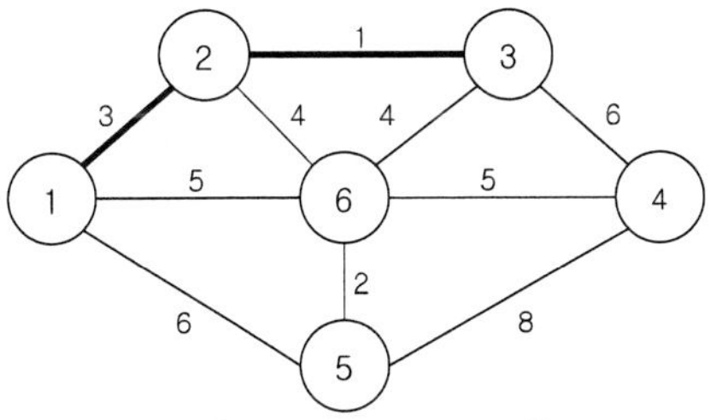

| | 2 | 3 | 4 | 5 | 6 |
|---|---|---|---|---|---|
| nearest | 1 | 2 | 1 | 1 | 2 |

| | 2 | 3 | 4 | 5 | 6 |
|---|---|---|---|---|---|
| distance | -1 | 1 | ∞ | 6 | 4 |

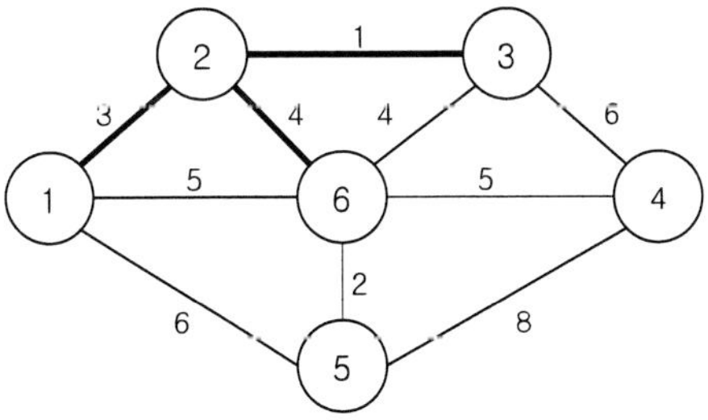

| | 2 | 3 | 4 | 5 | 6 |
|---|---|---|---|---|---|
| nearest | 1 | 2 | 3 | 1 | 2 |

| | 2 | 3 | 4 | 5 | 6 |
|---|---|---|---|---|---|
| distance | -1 | -1 | 6 | 6 | 4 |

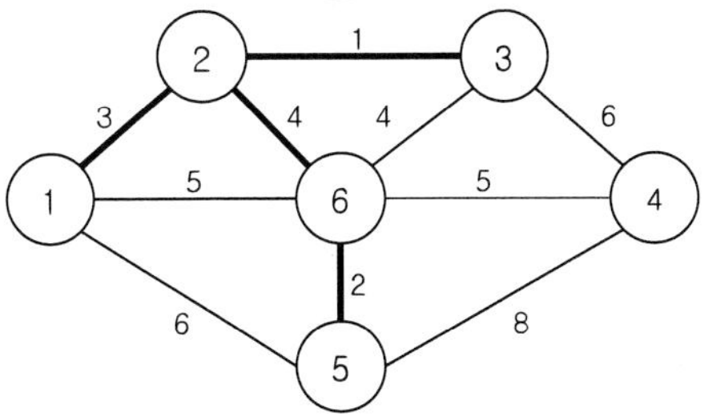

| | 2 | 3 | 4 | 5 | 6 |
|---|---|---|---|---|---|
| nearest | 1 | 2 | 6 | 6 | 2 |

| | 2 | 3 | 4 | 5 | 6 |
|---|---|---|---|---|---|
| distance | -1 | -1 | 5 | 2 | -1 |

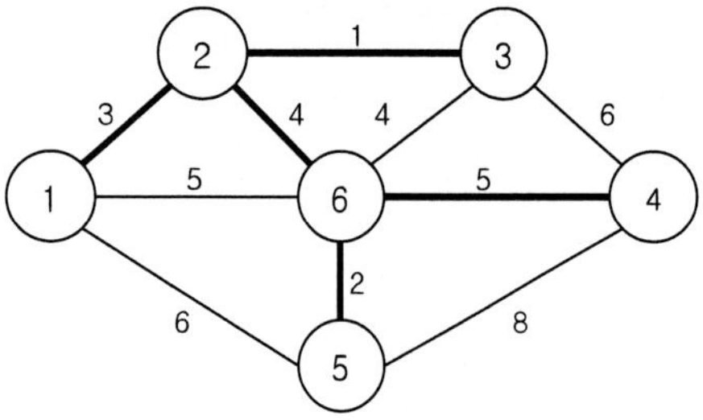


| | 2 | 3 | 4 | 5 | 6 |
|---|---|---|---|---|---|
| nearest | 1 | 2 | 6 | 6 | 2 |

| | 2 | 3 | 4 | 5 | 6 |
|---|---|---|---|---|---|
| distance | -1 | -1 | 5 | -1 | -1 |

▶ 성능분석

- 단위연산: repeat 루프내의 2개의 for 루프내의 명령문
- 입력크기: 정점의 개수 n
- 모든 경우 시간복잡도

  $T(n) = 2(n-1)(n-1) = 2n^2 - 4n + 2 \in \Theta(n^2)$

## ② Kruskal의 알고리즘

▶ Kruskal의 알고리즘은 이음선의 가중치의 합이 최소인 $|V|-1$ 이음선을 갖는 비 순환 그래프로 가중 연결 그래프 G=(V, E)에 대한 최소비용 스패닝 트리를 찾는다. 이 알고리즘은 가중치들을 감소하지 않는 순서로 그래프의 이음선들을 정렬하여 시작한다. 따라서 빈 서브 그래프로 시작하여, 정렬된 리스트를 검사한다. 다음 이음선의 포함이 순환을 생성하지 않는다면 현재 서브 그래프에 그 이음선을 추가한다.

▶ 알고리즘

- 문제: 최소비용 신장 트리 구축
- 입력: 가중 연결 그래프 G=(V, E)
- 출력: G의 최소비용 스패닝 트리를 구성하는 이음선들의 집합 F

```
set_of_edges kruskal(int n, int m, set_of_edges E)
{
  index i, j;
  set_pointer p, q;
  edge e;
```

```
    set_of_edges F;
    Sort the m edges in E by weight in nondecreasing order;
    F = ∅;
    initial(n);
    while (number of edges in F is less than n-1) {
      e = edge with least weight not yet considered;
      i, j = indices of vertices connected by e;
      p = find(i);
      q = find(j);
      if(! equal(p, q)) {
        merge(p, q);
        add e to F;
      }
    }
    return F;
}
```

▶ 실행 예: Kruskal의 알고리즘을 사용하여 다음 가중 연결 그래프에서 최소비용 신장 트리를 구하시오.

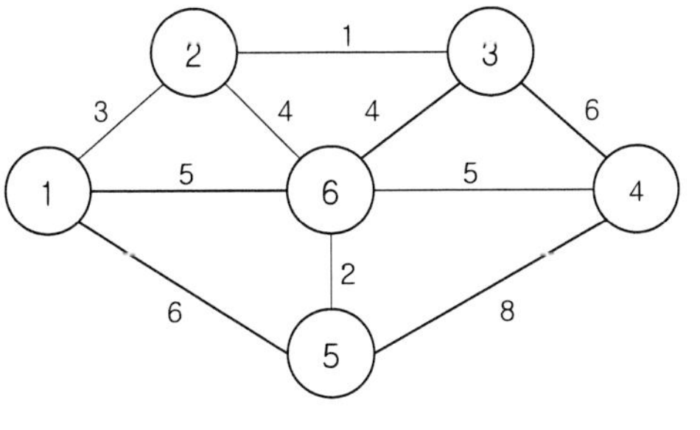


이음선의 정렬된 리스트

| 이음선 | (2, 3) | (5, 6) | (1, 2) | (2, 6) | (3, 6) | (1, 6) | (4, 6) | (1, 5) | (3, 4) | (4, 5) |
|---|---|---|---|---|---|---|---|---|---|---|
| 가중치 | 1 | 2 | 3 | 4 | 4 | 5 | 5 | 6 | 6 | 8 |

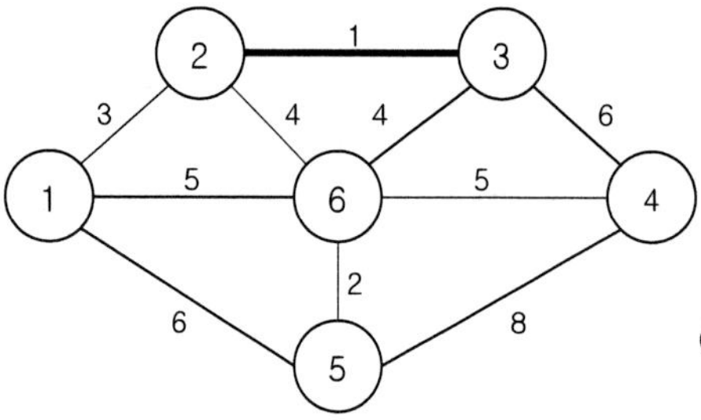


①

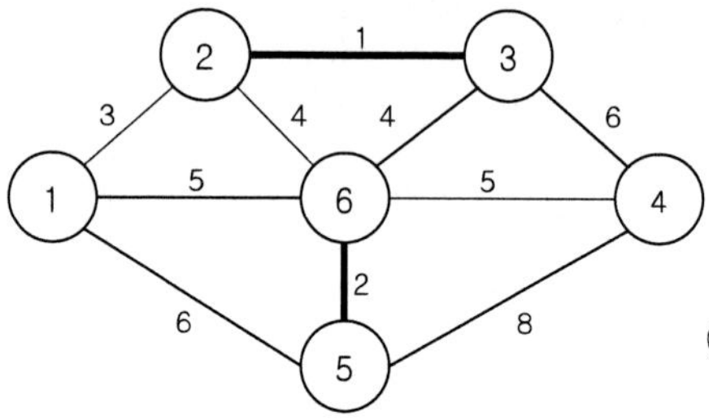


②

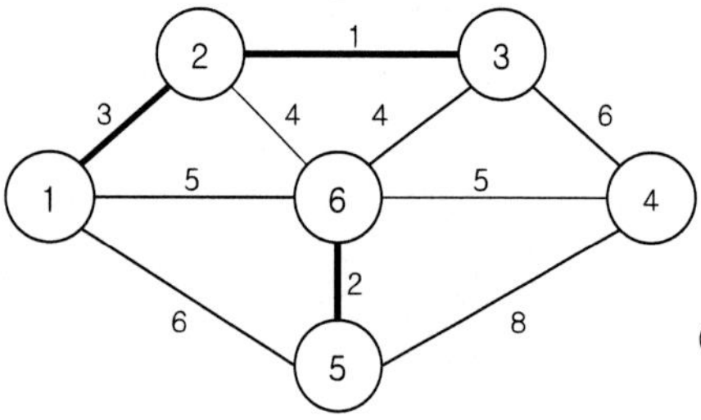


③

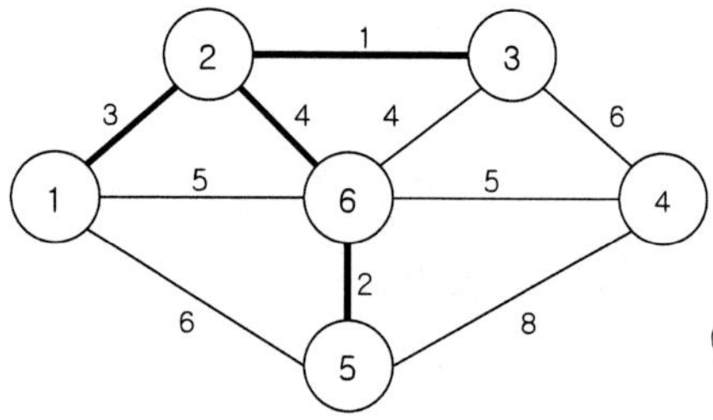


④

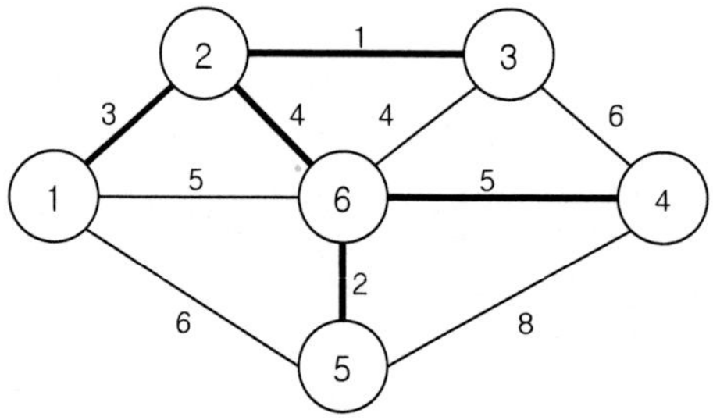


⑤

▶ 성능분석

– 단위연산: 비교 명령문

– 입력크기: 정점의 개수 n, 이음선의 개수 m

– 최악 경우 시간복잡도

√ 이음선을 정렬하는데 걸리는 시간: $W(m) \in \Theta(mlgm)$

√ while 루프에서 걸리는 시간: 최악 경우, while 루프를 빠져나가기 전에 모든 이음선을 고려하게 되는데, 이는 루프가 m번 반복된다는 것을 의미한다. 부분집합의 합집합을 구하기 위하여 사용하는 서로소의 연산 루틴은 입력 m에 대해 lg$m$ 비교 연산을 수행한다. 따라서 $W(m) \in \Theta(mlgm)$이다.

√ n개의 서로소를 초기화하는 데 걸리는 시간은 $T(n) \in \Theta(n)$이다. 따라서

$W(m,n) \in \Theta(n) + \Theta(mlgm) + \Theta(mlgm) = \Theta(n + 2mlgm) \in \Theta(mlgm)$이다.

최악의 경우, 모든 정점들은 다른 모든 정점과 연결된 완전 연결 그래프이기 때문에, $m = \frac{n(n-1)}{2} \in \Theta(n^2)$이다.

그러므로 $W(m,n) \in \Theta(n^2 \lg n^2) = \Theta(n^2 2 \lg n) = \Theta(n^2 \lg n)$이다.

## (2) 단일 출발점 최단경로 문제

### ■ Dijkstra의 알고리즘

▶ 단일 출발점 최단경로 문제는 가중 연결 그래프에서 출발점(source)이라 부르는 주어진 정점에 대해 모든 다른 정점들에 대한 최단 경로를 찾는 것이다.

▶ 알고리즘

- 자료구조: i=2, ..., n에 대하여, 다음과 같은 2개의 배열을 유지한다.
  - √ touch[i]=Y에 속한 정점들만 중간에 거치도록 하여 $v_1$에서 $v_i$로 가는 현재 최단경로상의 마지막 이음선을 $< v, v_i >$라고 할 때, Y에 속한 정점 $v$의 인덱스
  - √ length[i]=Y에 속한 정점들만 중간에 거치도록 하여 $v_1$에서 $v_i$로 가는 현재 최단경로의 길이
- 문제: 가중 유향 그래프에서 $v_1$에서 모든 정점으로 가는 최단경로
- 입력: 음이 아닌 가중치와 정점들을 갖는 가중 유향 그래프 G=(V, E)
- 출력: 최단경로상에 놓여 있는 이음선들의 집합 F

```
set_of_edges dijkstra (int n, number [ ][ ] W)
{
  index i, vnear;
  edge e;
  set_of_edges F;
  index [ ] touch = new index [2..n];
  index [ ] length = new number [2.. n];
```

```
  F = ∅;
  for (i=2; i<=n; i++) {
    touch[i] = 1;
    length[i] = W[1][i];
  }
  repeat (n-1 times) {
    min = ∞;
    for (i=2; i<=n; i++)
      if (0 <= length[i] < min) {
        min = length[i];
        vnear = i;
      }
    e=edge from vertex indexed by touch[vnear] to vertex indexed by
       vnear;
    add e to F;
    for (i=2; i<=n; i++)
      if (length[vnear]+W[vnear][i] < length[i]) {
        length[i] = length[vnear] + W[vnear][i];
        touch[i]  = vnear;
      }
      length[vnear] = -1;
  }
  return F;
}
```

▶ 성능분석

- Prim의 알고리즘의 성능분석과 같다. 따라서 $T(n)=2(n-1)^2 \in \Theta(n^2)$이다.

▶ 실행 예: Dijkstra의 알고리즘을 사용하여 아래의 가중 유향 그래프에서 정점 1

에서 모든 다른 정점들로 가는 최단경로를 구하시오.

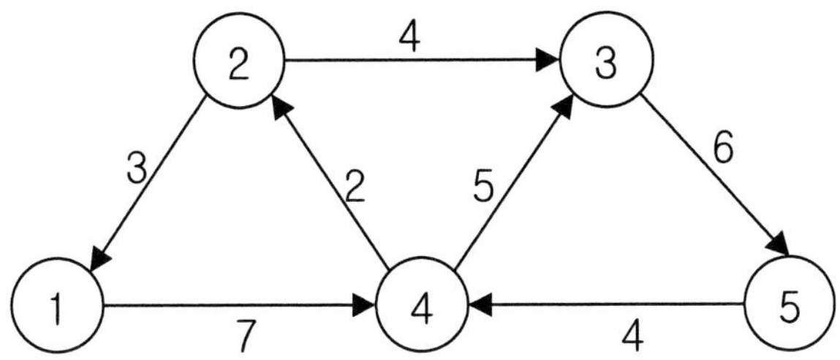


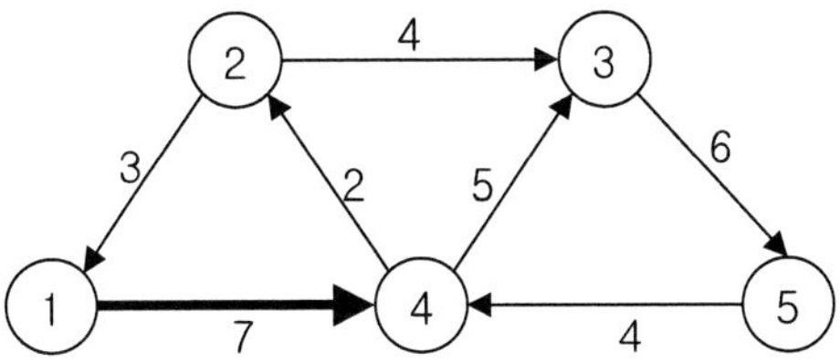


| | 2 | 3 | 4 | 5 |
|---|---|---|---|---|
| touch | 1 | 1 | 1 | 1 |

| | 2 | 3 | 4 | 5 |
|---|---|---|---|---|
| length | ∞ | ∞ | 7 | ∞ |

이음선 <1, 4> 선택

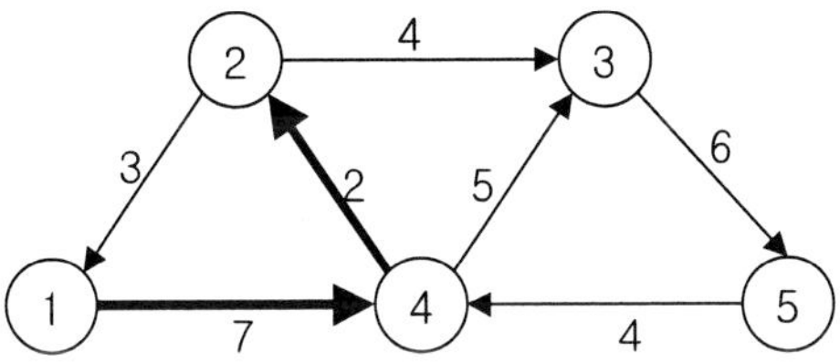


| | 2 | 3 | 4 | 5 |
|---|---|---|---|---|
| touch | 4 | 4 | 1 | 1 |

| | 2 | 3 | 4 | 5 |
|---|---|---|---|---|
| length | 9 | 12 | -1 | ∞ |

이음선 <4, 2> 선택

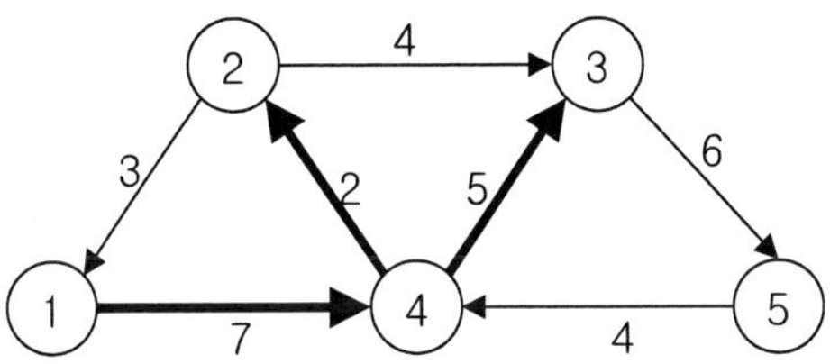


| | 2 | 3 | 4 | 5 |
|---|---|---|---|---|
| touch | 4 | 4 | 1 | 1 |

| | 2 | 3 | 4 | 5 |
|---|---|---|---|---|
| length | -1 | 12 | -1 | ∞ |

이음선 <4, 3> 선택

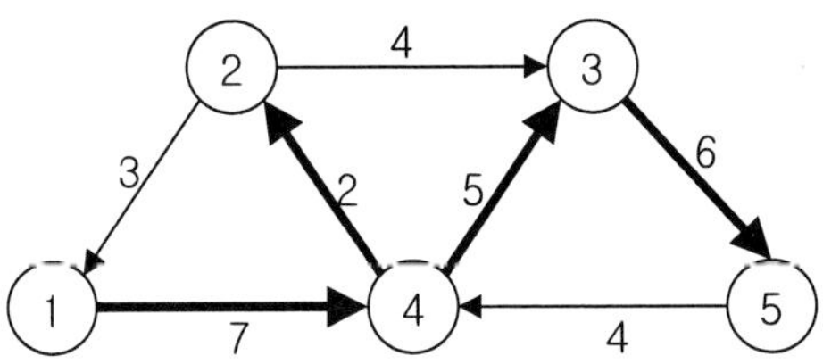


| | 2 | 3 | 4 | 5 |
|---|---|---|---|---|
| touch | 4 | 4 | 1 | 3 |

| | 2 | 3 | 4 | 5 |
|---|---|---|---|---|
| length | -1 | -1 | -1 | 18 |

이음선 <3, 5> 선택

### (4) Huffman 트리

▶ n-문자 알파벳들의 문자를 포함하는 텍스트를 각 문자에 코드워드(codeword)라 부르는 일련의 비트를 부여하여 코드화한다고 가정한다. 각 문자에 같은 길이의 비트 열 m을 할당하는 고정 길이 코딩(fixed-length coding)을 사용할 수

있다. 다른 문자에 다른 길이의 코드워드를 부여하는 가변 길이 코딩(variable-length encoding)은 고정 길이 코딩에 없던 문제가 발생한다. i-번째 문자가 코드화된 텍스트의 얼마나 많은 비트로 표현되는지 알아야 한다. 이 복잡성을 회피하기 위하여 가변 길이 코딩은 전치 코드(prefix-free code)이어야 한다. 전치 코드에서는 한 문자의 코드워드가 다른 문자의 코드워드의 앞부분이 될 수 없다.

▶ Huffman은 최적 코드에 해당하는 이진 트리를 구축하여 최적 이진문자 코드를 만들어내는 탐욕적인 알고리즘을 개발하였다. 이 알고리즘이 만들어내는 코드를 Huffman code라고 한다.

▶ 알고리즘

- 자료구조: 우선순위 큐 PQ

```
void Huffman (c)
n = |c|;
PQ = c;
for  i =1  to  n-1
     do   z = Allocate-Node ();
          x = left[z] = EXTRACT_MIN(PQ);
          y = right[z] = EXTRACT_MIN(PQ);
          f[z] = f[x] + f[y];
          INSERT (PQ, z);
return EXTRACT_MIN(PQ);
```

▶ 성능분석

- 입력: 파일의 문자의 개수 n
- PQ를 힙(heap)으로 구현한다면, 각 힙 연산은 $\Theta(nlgn)$ 시간이 걸린다.

▶ 실행 예: 5개 문자 알파벳 {A, B, C, D, _}이 아래와 같이 발생 확률을 가질 때 Huffman 트리를 구축하시오.

| 문자 | A | B | C | D | _ |
|---|---|---|---|---|---|
| 확률 | 0.35 | 0.1 | 0.2 | 0.2 | 0.15 |

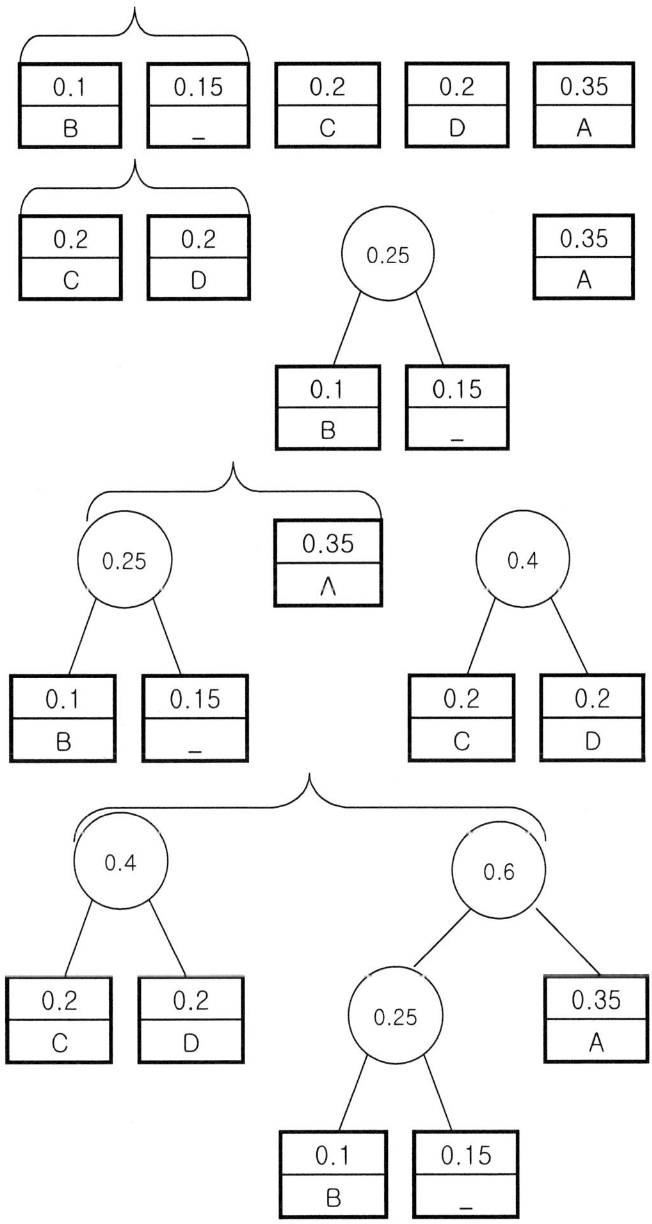

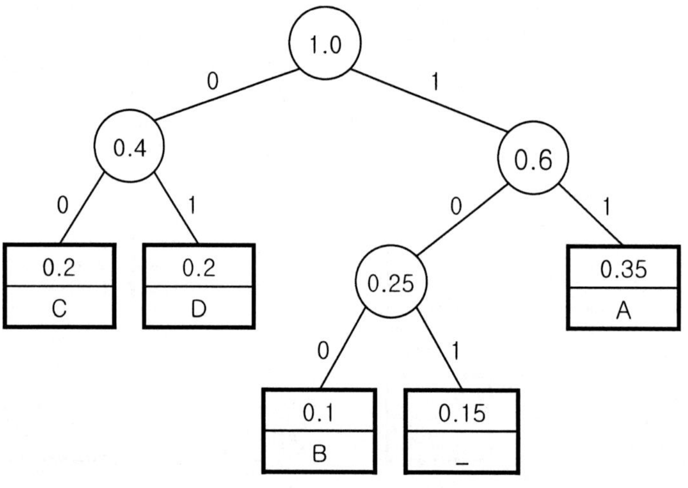


따라서 결과 코드워드는 다음과 같다.

| 문자 | A | B | C | D | _ |
|---|---|---|---|---|---|
| 확률 | 0.35 | 0.1 | 0.2 | 0.2 | 0.15 |
| 코드워드 | 11 | 100 | 00 | 01 | 101 |

## 3. 예비예제

**문 제 1**

Prim의 알고리즘을 사용하여 아래 가중 연결 그래프에서 최소비용 스패닝 트리를 찾는 Java 프로그램을 작성하고, 그 실행결과를 보이시오. 단, 우선순위 큐를 사용하여 Java 프로그램을 구현하시오.

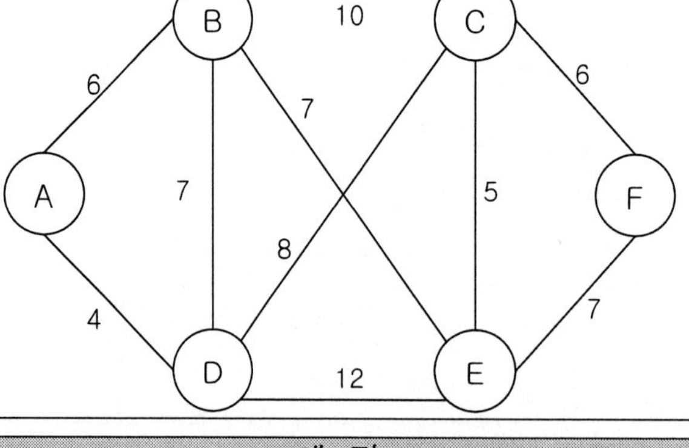


**해 답**

```
////////////////////////////////////////////////////////////////
class Edge
   {
   public int srcVert;   // index of a vertex starting edge
   public int destVert;  // index of a vertex ending edge
   public int distance;  // distance from src to dest
// ------------------------------------------------------------
   public Edge(int sv, int dv, int d)  // constructor
      {
      srcVert = sv;
      destVert = dv;
      distance = d;
      }
// ------------------------------------------------------------
}  // end class Edge
////////////////////////////////////////////////////////////////
class PriorityQ
   {
   // array in sorted order, from max at 0 to min at size-1
   private final int SIZE = 20;
   private Edge[] queArray;
   private int size;
// ------------------------------------------------------------
   public PriorityQ()             // constructor
      {
      queArray = new Edge[SIZE];
      size = 0;
      }
// ------------------------------------------------------------
   public void insert(Edge item)  // insert item in sorted order
      {
      int j;

      for(j=0; j<size; j++)           // find place to insert
         if( item.distance >= queArray[j].distance )
            break;

      for(int k=size-1; k>=j; k--)    // move items up
         queArray[k+1] = queArray[k];

      queArray[j] = item;             // insert item
      size++;
      }
// ------------------------------------------------------------
   public Edge removeMin()            // remove minimum item
      { return queArray[--size]; }
// ------------------------------------------------------------
```

```
   public void removeN(int n)          // remove item at n
      {
      for(int j=n; j<size-1; j++)      // move items down
         queArray[j] = queArray[j+1];
      size--;
      }
// ---------------------------------------------------------
   public Edge peekMin()           // peek at minimum item
      { return queArray[size-1]; }
// ---------------------------------------------------------
   public int size()               // return number of items
      { return size; }
// ---------------------------------------------------------
   public boolean isEmpty()        // true if queue is empty
      { return (size==0); }
// ---------------------------------------------------------
   public Edge peekN(int n)        // peek at item n
      { return queArray[n]; }
// ---------------------------------------------------------
   public int find(int findDex)  // find item with specified
      {                          // destVert value
      for(int j=0; j<size; j++)
         if(queArray[j].destVert == findDex)
            return j;
      return -1;
      }
// ---------------------------------------------------------
   }  // end class PriorityQ
////////////////////////////////////////////////////////////////
class Vertex
   {
   public char label;          // label (e.g. 'A')
   public boolean isInTree;
// ---------------------------------------------------------
   public Vertex(char lab)   // constructor
      {
      label = lab;
      isInTree = false;
      }
// ---------------------------------------------------------
   }  // end class Vertex
////////////////////////////////////////////////////////////////
class Graph
   {
   private final int MAX_VERTS = 20;
   private final int INFINITY = 1000000;
   private Vertex vertexList[]; // list of vertices
```

```
   private int adjMat[][];        // adjacency matrix
   private int nVerts;            // current number of vertices
   private int currentVert;
   private PriorityQ thePQ;
   private int nTree;             // number of verts in tree
// -------------------------------------------------------------
   public Graph()                 // constructor
      {
      vertexList = new Vertex[MAX_VERTS];
                                          // adjacency matrix
      adjMat = new int[MAX_VERTS][MAX_VERTS];
      nVerts = 0;
      for(int j=0; j<MAX_VERTS; j++)      // set adjacency
         for(int k=0; k<MAX_VERTS; k++)   //     matrix to 0
            adjMat[j][k] = INFINITY;
      thePQ = new PriorityQ();
      }  // end constructor
// -------------------------------------------------------------
   public void addVertex(char lab)
      {
      vertexList[nVerts++] = new Vertex(lab);
      }
// -------------------------------------------------------------
   public void addEdge(int start, int end, int weight)
      {
      adjMat[start][end] = weight;
      adjMat[end][start] = weight;
      }
// -------------------------------------------------------------
   public void displayVertex(int v)
      {
      System.out.print(vertexList[v].label);
      }
// -------------------------------------------------------------
   public void mstw()             // minimum spanning tree
      {
      currentVert = 0;            // start at 0

      while(nTree < nVerts-1)   // while not all verts in tree
         {                      // put currentVert in tree
         vertexList[currentVert].isInTree = true;
         nTree++;

         // insert edges adjacent to currentVert into PQ
         for(int j=0; j<nVerts; j++)   // for each vertex,
            {
            if(j==currentVert)         // skip if it's us
```

```
            continue;
         if(vertexList[j].isInTree) // skip if in the tree
            continue;
         int distance = adjMat[currentVert][j];
         if( distance == INFINITY)  // skip if no edge
            continue;
         putInPQ(j, distance);       // put it in PQ (maybe)
         }
      if(thePQ.size()==0)            // no vertices in PQ?
            {
            System.out.println(" GRAPH NOT CONNECTED");
            return;
            }
      // remove edge with minimum distance, from PQ
      Edge theEdge = thePQ.removeMin();
      int sourceVert = theEdge.srcVert;
      currentVert = theEdge.destVert;

      // display edge from source to current
      System.out.print( vertexList[sourceVert].label );
      System.out.print( vertexList[currentVert].label );
      System.out.print(" ");
      }  // end while(not all verts in tree)

   // mst is complete
   for(int j=0; j<nVerts; j++)      // unmark vertices
      vertexList[j].isInTree = false;
   }  // end mstw
// ---------------------------------------------------------------
public void putInPQ(int newVert, int newDist)
   {
   // is there another edge with the same destination vertex?
   int queueIndex = thePQ.find(newVert);
   if(queueIndex != -1)              // got edge's index
      {
      Edge tempEdge = thePQ.peekN(queueIndex);  // get edge
      int oldDist = tempEdge.distance;
      if(oldDist > newDist)          // if new edge shorter,
         {
         thePQ.removeN(queueIndex);  // remove old edge
         Edge theEdge =
                  new Edge(currentVert, newVert, newDist);
         thePQ.insert(theEdge);      // insert new edge
         }
      // else no action; just leave the old vertex there
      }  // end if
   else  // no edge with same destination vertex
```

```
         {                                   // so insert new one
         Edge theEdge = new Edge(currentVert, newVert, newDist);
         thePQ.insert(theEdge);
         }
      } // end putInPQ()
// -------------------------------------------------------------
   } // end class Graph
////////////////////////////////////////////////////////////////
class MSTWApp
   {
   public static void main(String[] args)
      {
      Graph theGraph = new Graph();
      theGraph.addVertex('A');    // 0  (start for mst)
      theGraph.addVertex('B');    // 1
      theGraph.addVertex('C');    // 2
      theGraph.addVertex('D');    // 3
      theGraph.addVertex('E');    // 4
      theGraph.addVertex('F');    // 5

      theGraph.addEdge(0, 1, 6);  // AB  6
      theGraph.addEdge(0, 3, 4);  // AD  4
      theGraph.addEdge(1, 2, 10); // BC 10
      theGraph.addEdge(1, 3, 7);  // BD  7
      theGraph.addEdge(1, 4, 7);  // BE  7
      theGraph.addEdge(2, 3, 8);  // CD  8
      theGraph.addEdge(2, 4, 5);  // CE  5
      theGraph.addEdge(2, 5, 6);  // CF  6
      theGraph.addEdge(3, 4, 12); // DE 12
      theGraph.addEdge(4, 5, 7);  // EF  7

      System.out.print("Minimum spanning tree: ");
      theGraph.mstw();            // minimum spanning tree
      System.out.println();
      } // end main()
   } // end class MSTWApp
////////////////////////////////////////////////////////////////
```

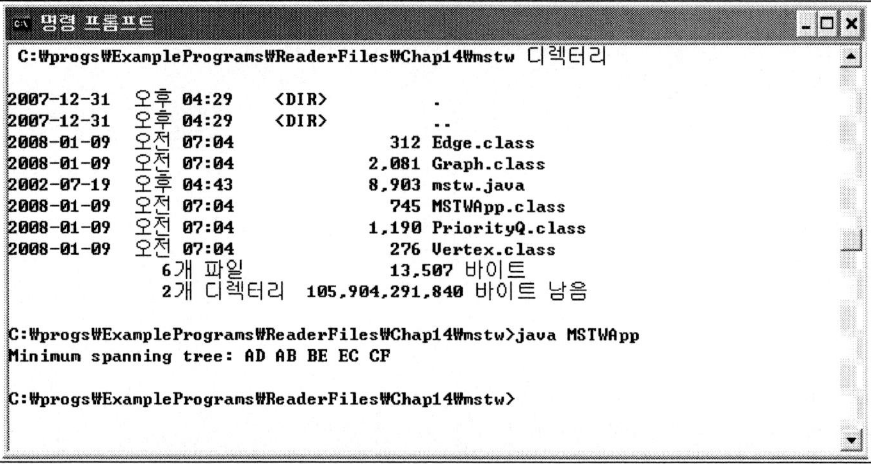

명령 프롬프트

```
C:\progs\ExamplePrograms\ReaderFiles\Chap14\mstw 디렉터리

2007-12-31  오후 04:29    <DIR>          .
2007-12-31  오후 04:29    <DIR>          ..
2008-01-09  오전 07:04               312 Edge.class
2008-01-09  오전 07:04             2,081 Graph.class
2002-07-19  오후 04:43             8,903 mstw.java
2008-01-09  오전 07:04               745 MSTWApp.class
2008-01-09  오전 07:04             1,190 PriorityQ.class
2008-01-09  오전 07:04               276 Vertex.class
               6개 파일              13,507 바이트
               2개 디렉터리  105,904,291,840 바이트 남음

C:\progs\ExamplePrograms\ReaderFiles\Chap14\mstw>java MSTWApp
Minimum spanning tree: AD AB BE EC CF

C:\progs\ExamplePrograms\ReaderFiles\Chap14\mstw>
```

## 문 제 2

알파벳 대소문자[A-Z, a-z]를 입력하면 소문자 알파벳을 대문자 알파벳으로 바꾼 다음, 입력된 문자에 대한 Huffman 코드를 구하는 Java 프로그램을 작성하고, 그 실행결과를 보이시오.

## 해 답

▶ Java 프로그램

```
import java.io.*;
import java.util.*;

class Node
        implements Comparable
{
        private int       value;
        private char      content;
        private Node      left;
        private Node      right;

        public Node(char content, int value)
        {
                this.content   = content;
                this.value     = value;
        }

        public Node(Node left, Node right)
```

```
        {
                // Assumes that the left three is always the one that is lowest
                this.content     =  (left.content  <  right.content)  ?  left.content  :
right.content;
                this.value    = left.value + right.value;
                this.left          = left;
                this.right    = right;
        }

        public int compareTo(Object arg)
        {
                Node other = (Node) arg;

                // Content value has priority and then the lowest letter
                if (this.value == other.value)
                        return this.content-other.content;
                else
                        return this.value-other.value;
        }

        ////////////////

        private void printNode(String path)
        {
                if ((left==null) && (right==null))
                        System.out.println(content + " " + path);

                if (left != null)
                        left.printNode(path + '0');
                if (right != null)
                        right.printNode(path + '1');
        }

        public static void printTree(Node tree)
        {
                tree.printNode("");
        }
}

public class Huffman
{
        public static void main(String[] args)
                throws IOException
        {
                StringBuffer fileContents = new StringBuffer();

                BufferedReader        br        =        new        BufferedReader(new
```

```
InputStreamReader(System.in));

                String line = null;
                while ((line = br.readLine()) != null)
                        fileContents.append("\n").append(line);

                processFile(fileContents.toString());
        }

        private static void processFile(String fileContents)
        {
                int[] frequency = new int['Z'-'A'+1];            // Frequency table of
each letter
                TreeSet<Node>  trees          = new  TreeSet<Node>();    // List
containing all trees -- ORDERED!

                // Build the frequency table of each letter
                for (int i=0; i<fileContents.length(); i++)
                {
                        char ch = Character.toUpperCase(fileContents.charAt(i));
                        if ((ch >= 'A') && (ch <= 'Z'))
                                ++frequency[ch - 'A'];
                }

                // Build up the initial trees
                for (int i=0; i<'Z'-'A'+1; i++)
                {
                        if (frequency[i] > 0)
                        {
                                Node n = new Node((char)('A'+i), frequency[i]);
                                trees.add(n);
                        }
                }

                // Huffman algoritm
                while (trees.size() > 1)
                {
                        Node tree1 = (Node) trees.first();
                        trees.remove(tree1);
                        Node tree2 = (Node) trees.first();
                        trees.remove(tree2);

                        Node merged = new Node(tree1, tree2);
                        trees.add(merged);
                }

                // Print the resulting tree
```

```
            if (trees.size() > 0)
            {
                    Node theTree = (Node) trees.first();
                    Node.printTree(theTree);
            }
            else
                    System.out.println("The file didn't contain useful characters.");
    }
}
```

▶ 실행결과

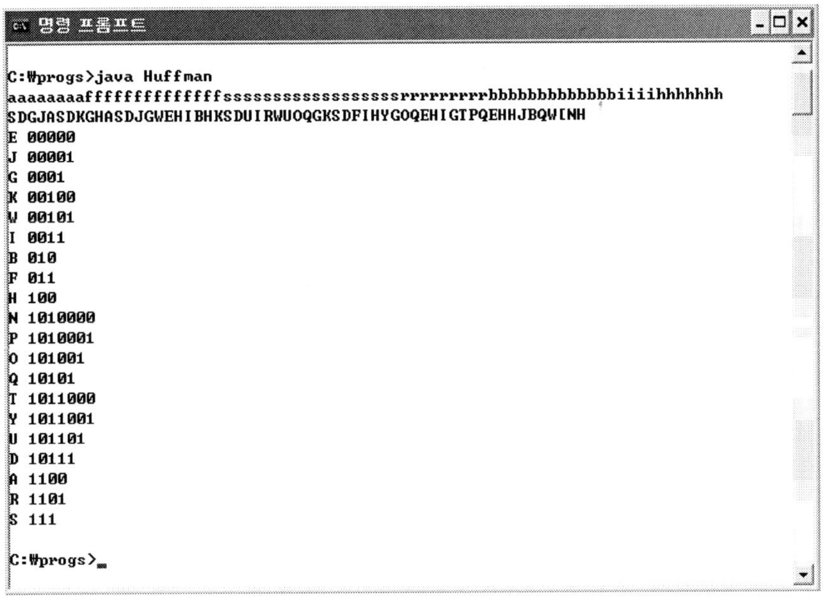


# 4. 실습문제

| 문 제 |
|---|
| 아래의 Dijkstra 클래스를 참조하여 다음 그래프의 출발점 A에서 모든 다른 정점들로 가는 최단 경로를 구하는 Java 프로그램을 작성하고, 그 실행결과를 보이시오. |

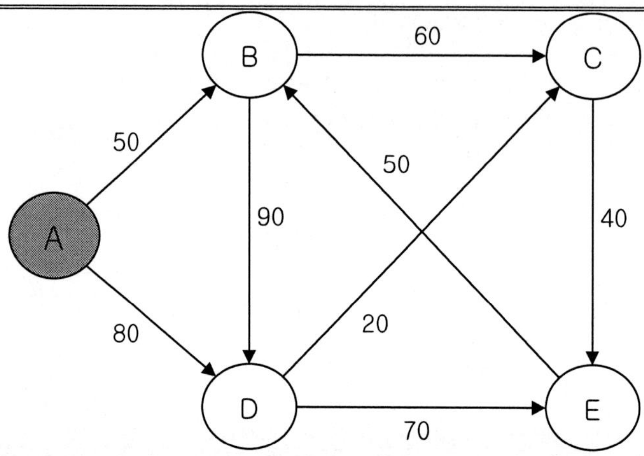


```
public class Dijkstra {

  // Dijkstra's algorithm to find shortest path from s to all other nodes
  public static int [] dijkstra (WeightedGraph G, int s) {
    final int [] dist = new int [G.size()]; // shortest known distance from "s"
    final int [] pred = new int [G.size()]; // preceeding node in path
    final boolean [] visited = new boolean [G.size()]; // all false initially

    for (int i=0; i<dist.length; i++) {
      dist[i] = Integer.MAX_VALUE;
    }
    dist[s] = 0;

    for (int i=0; i<dist.length; i++) {
      final int next = minVertex (dist, visited);
      visited[next] = true;

      // The shortest path to next is dist[next] and via pred[next].

      final int [] n = G.neighbors (next);
      for (int j=0; j<n.length; j++) {
        final int v = n[j];
        final int d = dist[next] + G.getWeight(next,v);
        if (dist[v] > d) {
          dist[v] = d;
          pred[v] = next;
        }
      }
    }
    return pred; // (ignore pred[s]==0!)
  }

```

```
    private static int minVertex (int [] dist, boolean [] v) {
        int x = Integer.MAX_VALUE;
        int y = -1;   // graph not connected, or no unvisited vertices
        for (int i=0; i<dist.length; i++) {
            if (!v[i] && dist[i]<x) {y=i; x=dist[i];}
        }
        return y;
    }

    public static void printPath (WeightedGraph G, int [] pred, int s, int e) {
        final java.util.ArrayList path = new java.util.ArrayList();
        int x = e;
        while (x!=s) {
            path.add (0, G.getLabel(x));
            x = pred[x];
        }
        path.add (0, G.getLabel(s));
        System.out.println (path);
    }

}
```

**해 답**

| 담당교수 | 확인 |
| --- | --- |

# 제 9 장 되추적

## 1. 학습목표

되추적(Backtracking)은 특정한 제약조건들을 만족시키는 해들의 집합을 찾거나 최적 해를 구하는 문제를 푸는 데 사용된다. 이 장에서는 되추적 기법으로 설계된 알고리즘과 그것의 Java 프로그램 작성에 대하여 학습한다.

## 2. 예비지식

▶ 되추적이란 상태 공간 트리에 있는 어떤 노드에서 판단하여 이 노드는 문제의 해가 아닌 막다른 곳으로 가게 된다고 판단되었을 때, 이 노드의 부모노드로 돌아가서 다음 자식노드에서 다시 탐색을 시작하는 것을 말한다.

▶ 마디를 방문할 때 그 마디가 해답이 될 가능성이 없는 것으로 결정되면, 그 마디를 유망하지 않다(nonpromising)고 한다. 그렇지 않으면 유망하다(promising)고 한다. 되추적은 상태 공간 트리를 깊이우선 검색하여 마디가 유망한지를 검사하고, 만약 유망하지 않으면 그 마디의 부모마디를 되추적한다.

▶ 되추적 방법을 위한 일반적인 알고리즘

```
void checknode (node v)
{
  node u;

  if (promising(v))
    if (there is a solution at v)
      write the solution;
    else
      for (each child u of v)
        checknode(u);
}
```

▶ 깊이 우선 탐색을 실행하는 간단한 재귀 알고리즘

```
void depth_first_tree_search (node v)
{
  node u;
  visit v;
  for (each child u of v)
    depth_first_tree_search(u);
}
```

## (1) n-여왕 문제

▶ n-여왕 문제는 두 여왕이 같은 행 또는 같은 열 또는 같은 대각선에 있어 서로 공격할 수 없도록 n×n 서양 장기판에 n 여왕들을 배치하는 문제이다. 만일 col(i)를 i번째 여왕이 있는 열이라 하면, k번째 행에 있는 여왕이 같은 열에 있는지 검사하기 위하여 다음 등식이 성립하는지 검사한다.

$$col(i) = col(k)$$

▶ 행 k에 있는 여왕은 행 i에 있는 여왕에 의해 어느 한쪽 대각선으로 공격을 받고 있으면, 다음과 같은 등식이 성립한다.

$$col(i) - col(k) = i - k \text{ 또는 } col(i) - col(k) = k - i$$

▶ 알고리즘

- 문제: 서양 장기판에 어떤 두 여왕도 같은 행, 열, 대각선에 있지 않도록 n 개 여왕을 놓아라.
- 입력: 양의 정수 n
- 출력: n×n 서양 장기판에 n개 여왕을 서로 공격받지 않도록 놓는 모든 가능한 방법

```
void queens (index i)
{
  index j;
  if (promising(i))
```

```
    if (i == n)
      system.out.print (col[1] through col[n]);
    else
      for (j=1; j<=n; j++) {
        col[i+1] = j;
        queens(i+1);
      }
}

boolean promising (index i)
{
  index k
  boolean switch;
  k = 1;
  switch = true;
  while (k<i && switch) {
    if (col[i] == col[k] || abs(col[i]-col[k]) == i-k)
      switch = false;
    k++
  }
  return switch
}
```

▶ 실행 예: 4-여왕 문제의 모든 가능 해를 구하시오.

- 되추적으로 4-여왕 문제를 해결하는 상태 공간 트리

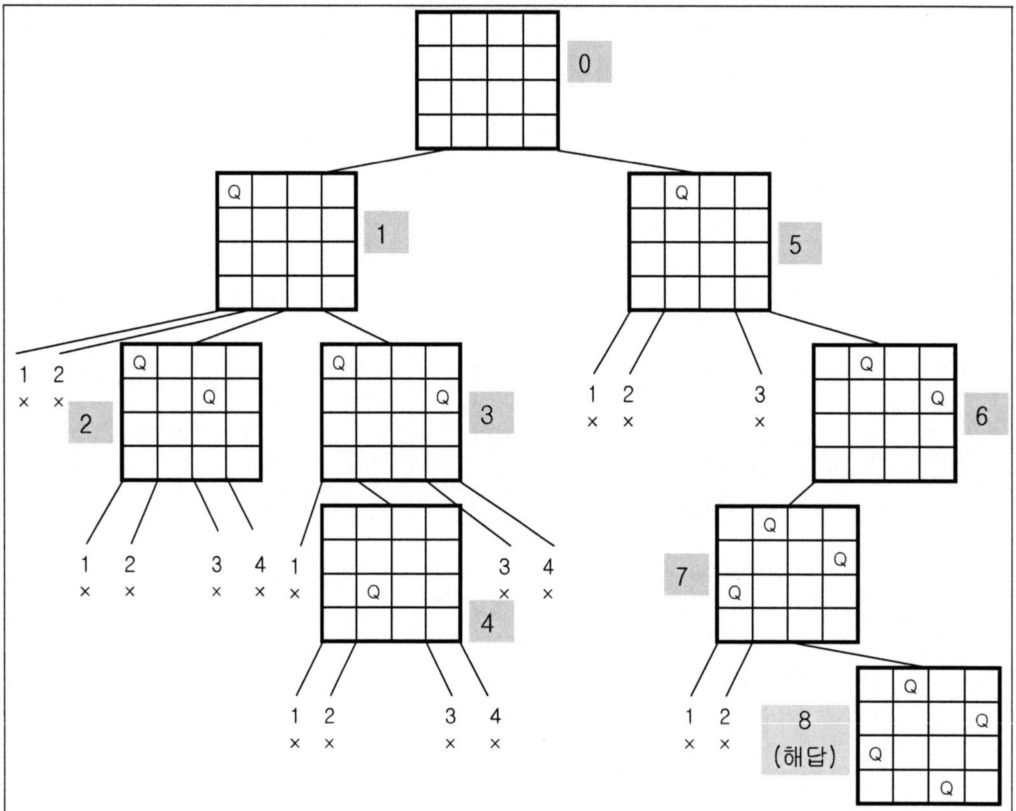


## (2) Hamilton의 순환 경로 문제

▶ Hamilton의 순환 경로 문제는 한 정점에서 출발하여, 그래프에 있는 모든 정점들을 각각 정확히 한번 씩 방문하고, 다시 출발한 정점으로 돌아오는 경로이다.

▶ Hamilton의 순환 경로 문제는 상태 공간 트리에서 되추적 하기 위하여 다음 사항을 고려한다.

① 경로상의 i번째 정점은 그 경로에서 (i-1)번째 정점과 반드시 인접해 있어야 한다.

② (n-1)번째 정점은 0번째(출발) 정점과 반드시 인접해 있어야 한다.

③ i번째 정점은 그 앞에 오는 i-1개 정점들 중 하나가 될 수 없다.

▶ 알고리즘

- 문제: 연결 비 방향 그래프에서 Hamilton의 순환 경로를 모두 찾아라.

```
- 입력: 양의 정수 n과 정점이 n개인 비 방향 그래프.
- 출력: 주어진 정점에서 출발하여, 그래프상의 각 정점을 정확히 한 번씩 방
        문하고, 출발 정점으로 돌아오는 모든 경로.
void hamiltonian (index i)
{
  index j;
  if (promising(i))
    if (i == (n-1))
      system.out.print (vindex[0] through vindex[n-1]);
    else
      for (j=2; j<=n; j++) {
        vindex[i+1] = j;
        hamiltonian(i+1);
      }
}

boolean promising (index i)
{
  index j;
  boolean switch;
  if (i == (n-1) && !W[vindex[n-1]][vindex[0]])
    switch = false;
  else if (i > 0 && !W[vindex[i-1]][vindex[i]])
    switch = false;
  else {
    switch = true;
    j = 1;
    while (j < i && switch) {
```

```
        if (vindex[i] == vindex[j])
          switch = false;
        j++;
      }
    }
    return switch
  }
```

▶ 실행 예: 다음 연결 비 방향 그래프에서 모든 Hamilton의 순환 경로를 찾으시오.

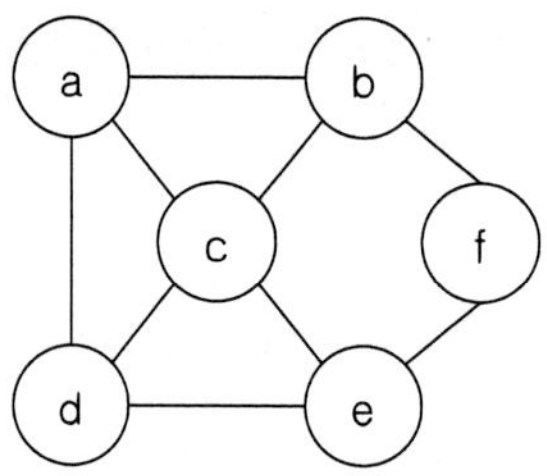


– Hamilton의 순환 경로를 찾기 위한 상태 공간 트리

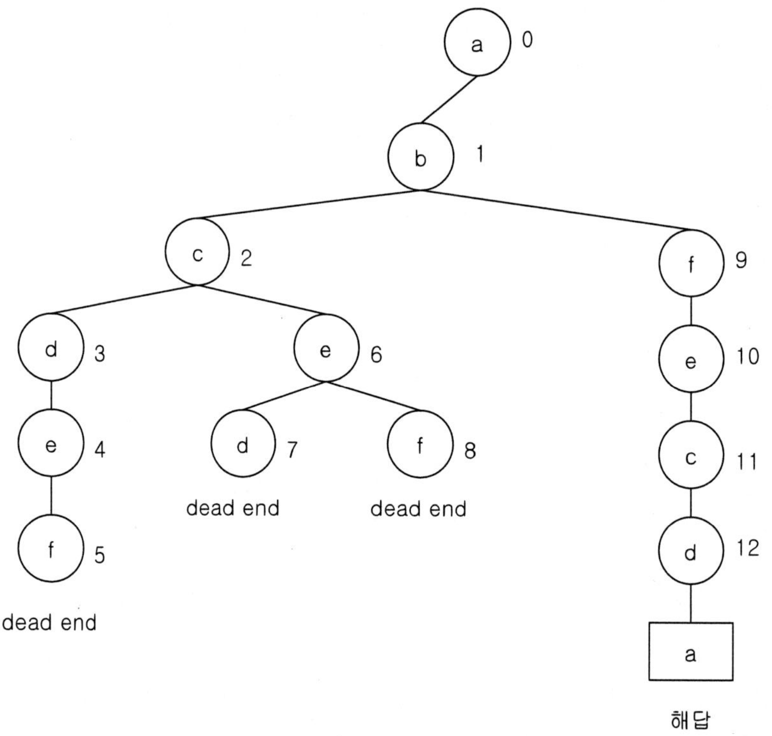

## 3. 예비예제

**문 제 1**

여왕의 수 n을 입력하여 n-여왕 문제의 모든 해를 출력하는 Java 프로그램을 작성하고, 그 실행결과를 보이시오.

**해 답**

```
public class Queens {
  /*************************************************************************
   * Return true if queen placement q[n] does not conflict with
   * other queens q[0] through q[n-1]
   *************************************************************************/
   public static boolean isConsistent(int[] q, int n) {
       for (int i = 0; i < n; i++) {
           if (q[i] == q[n])                return false;   // same column
           if ((q[i] - q[n]) == (n - i)) return false;   // same major diagonal
           if ((q[n] - q[i]) == (n - i)) return false;   // same minor diagonal
       }
       return true;
   }
  /*************************************************************************
   * Print out N-by-N placement of queens from permutation q in ASCII.
   *************************************************************************/
   public static void printQueens(int[] q) {
       int N = q.length;
       for (int i = 0; i < N; i++) {
           for (int j = 0; j < N; j++) {
               if (q[i] == j) System.out.print("Q ");
               else            System.out.print("* ");
           }
           System.out.println();
       }
       System.out.println();
   }
  /*************************************************************************
   *  Try all permutations using backtracking
   *************************************************************************/
   public static void enumerate(int N) {
       int[] a = new int[N];
       enumerate(a, 0);
   }
   public static void enumerate(int[] q, int n) {
       int N = q.length;
       if (n == N) printQueens(q);
```

```
        else {
            for (int i = 0; i < N; i++) {
                q[n] = i;
                if (isConsistent(q, n)) enumerate(q, n+1);
            }
        }
    }
    public static void main(String[] args) {
        int N = Integer.parseInt(args[0]);
        enumerate(N);
    }
}
```

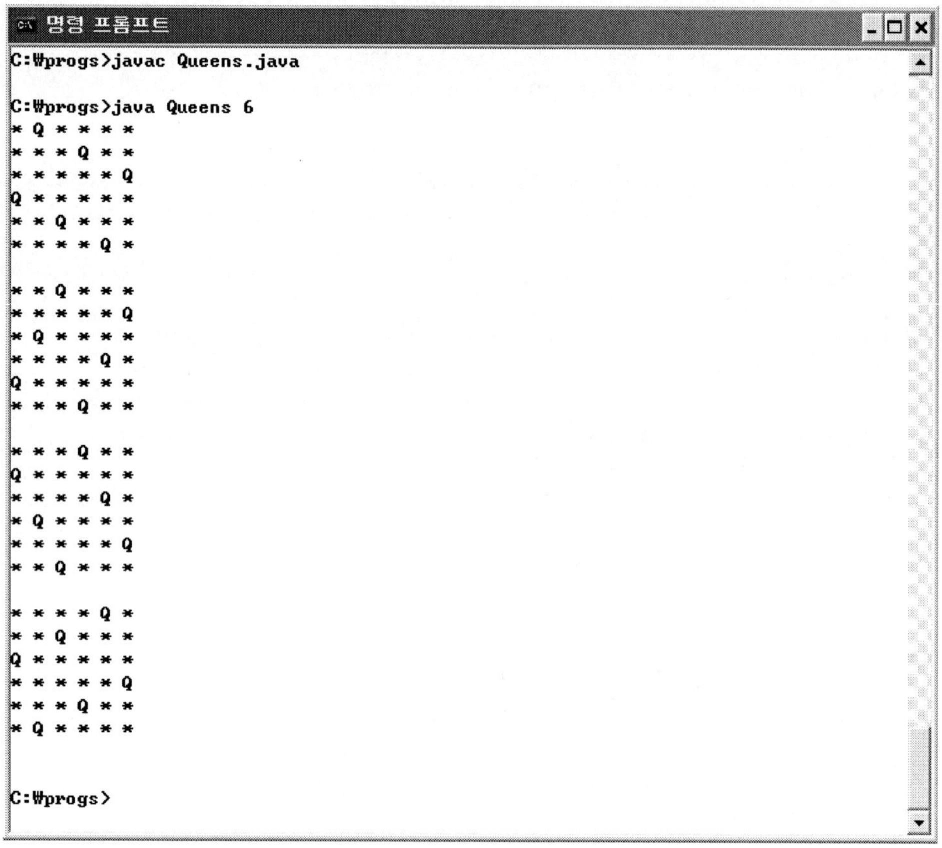


▶ Dijkstra의 N-Queens 알고리즘

```
class NQueens {
  public static void main(String[] args) {
    int i;
```

```
    if (args.length < 1) {
      System.out.println("Enter size of board on command line.");
      System.exit(1);
    }
    size = Integer.parseInt(args[0]);
    size2 = 2*size-1;

    up = new int[size2];
    down = new int[size2];
    rows = new int[size];
    x = new int[size];

    for (i = 0; i < size2; i++) {
      up[i] = down[i] = 1;
    }
    for (i = 0; i < size; i++) {
      rows[i] = 1;
    }
    queens(0);
  }

  private static int size;
  private static int size2;
  private static int[] up;
  private static int[] down;
  private static int[] rows;
  private static int[] x;

  private static void queens(int c) {
    int r;

    for (r = 0; r < size; r++) {
      if (rows[r] != 0 && up[r-c+size-1] != 0 && down[r+c] != 0) {
         rows[r] = up[r-c+size-1] = down[r+c] = 0;
         x[c] = r;
         if (c == size-1) {
           print();
         } else {
           queens(c + 1);
         }
         rows[r] = up[r-c+size-1] = down[r+c] = 1;
      }
    }
  }

  private static void print() {
    int k;
```

```
    for (k = 0; k < size; k++) {
      System.out.print(x[k]+1);
      System.out.print(" ");
    }
    System.out.println();
  }
}
```

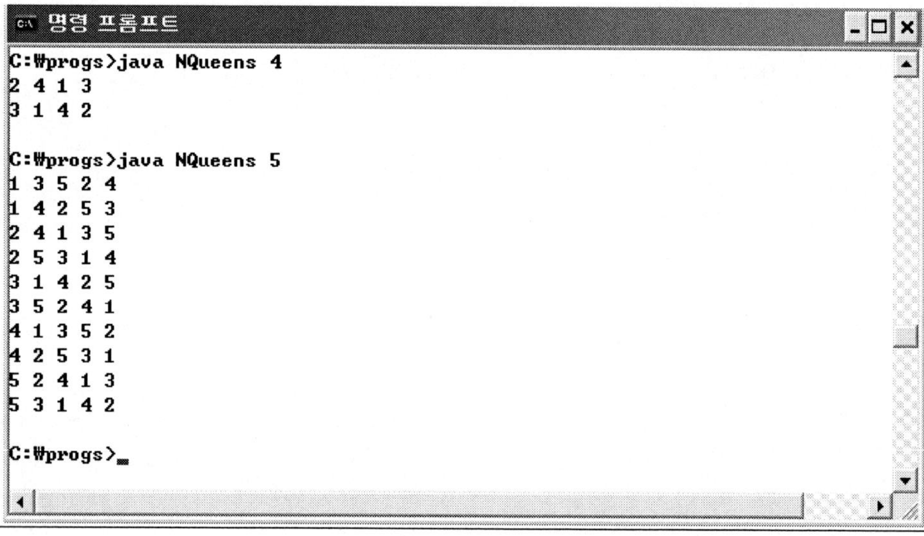


## 문 제 2

다음 그래프에서 되추적 방법을 사용하여 Hamilton의 순환 경로를 찾는 Java 프로그램을 작성하고, 그 실행결과를 보이시오.

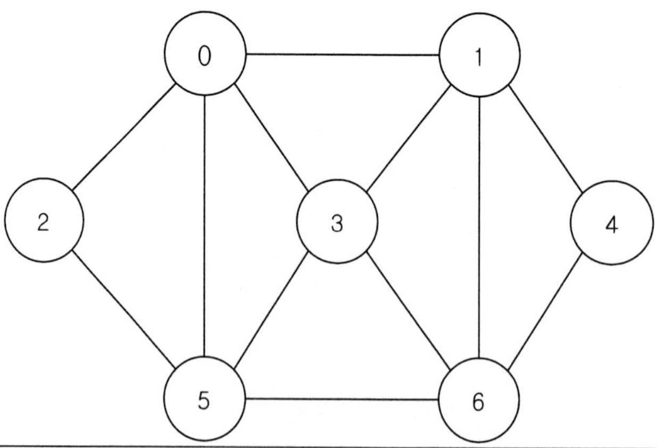

**해 답**

```
public class Hamiltonian
{
        public static void main(String[] args)
        {
                Graph g = new Graph(7);
                g.addEdge(0, 1);
                g.addEdge(0, 2);
                g.addEdge(0, 3);
                g.addEdge(0, 5);
                g.addEdge(1, 3);
                g.addEdge(1, 4);
                g.addEdge(1, 6);
                g.addEdge(2, 5);
                g.addEdge(3, 5);
                g.addEdge(3, 6);
                g.addEdge(4, 6);
                g.addEdge(5, 6);
                int[] x = new int[8];
                g.startHamiltonian(0);
        }

        public static class Graph
        {

                private boolean[][] g;
                private int size;
                private int[] list;
                private boolean[] visited;
                private int start;
                private boolean done;
                private int count;

                public Graph(int n)
                {
                        size = n;
                        g = new boolean[n][n];
                        for(int i=0;i<n;i++)
                                for(int j=0;j<n;j++)
                                        g[i][j] = false;
                        list = new int[n+1];
                        visited=new boolean[n];
                }

                public void startHamiltonian(int s)
                {
```

```
                done = false;
                count = 0;
                start = s;
                for(int i=0;i<size;i++) list[i] = -1;

                for(int i=0;i<size;i++) visited[i] = false;
                if(findHamiltonian(start, 1))
                        for(int i=0;i<=size;i++)
                                System.out.println(list[i]);
                        else    System.out.println("No   Hamiltonian   Cycle
found starting at " + start);
                System.out.println("This took " + count + " steps.");
        }

        public void addEdge(int i, int j)
        {
                g[i][j] = true; g[j][i] = true;
        }

        public boolean findHamiltonian(int v, int n)
        {
                count++;
                visited[v] = true;
                for(int i=0;i<size&&!done;i++)
                {
                        if(i==start&&g[v][i]&&n==size)
                        {
                                list[n]=start;
                                done = true;
                        }
                        else if(!visited[i]&&g[v][i])
                        {
                                if(findHamiltonian(i, n+1))
                                        done = true;
                                else visited[i] = false;
                        }
                }
        if(done) list[n-1]=v;
                return done;
        }
    }
}
```

```
C:\progs>javac Hamiltonian.java

C:\progs>java Hamiltonian
0
1
4
6
3
5
2
0
This took 16 steps.

C:\progs>
```

# 4. 실습문제

**문 제**

m-색칠하기 문제는 비 방향 그래프에서 서로 인접한 정점들이 같은 색을 갖지 않도록 최대 m개의 다른 색으로 칠하는 방법을 모두 찾는 것이다. m-색칠하기 문제를 해결하는 되추적 알고리즘을 작성하고, 아래 그래프를 m-색칠하는 Java 프로그램을 작성하고, 그 실행결과를 보이시오.

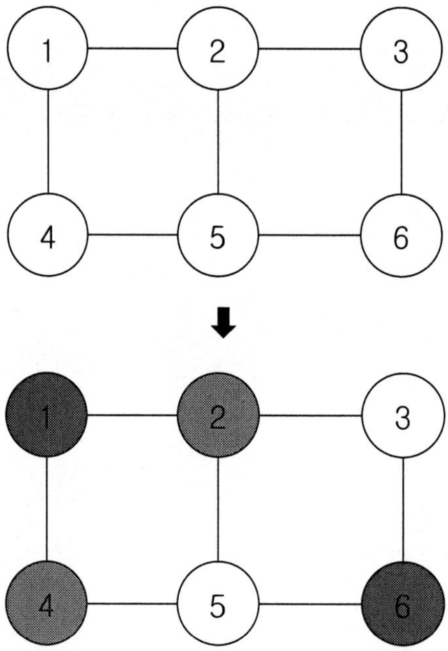

**해 답**

▶ 알고리즘

▶ Java 프로그램

▶ 실행결과

| 담당교수 | 확인 |
|---|---|

# 제 10 장 확률적 알고리즘

## 1. 학습목표

확률적 알고리즘은 다음 실행할 명령이 때로는 확률분포에 따라서 무작위로 결정된다. 이 장에서는 확률적 알고리즘인 Monte Carlo 알고리즘과 Las Vegas 알고리즘과 그것의 Java 프로그램 작성에 대하여 학습한다.

## 2. 예비지식

▶ 확률적 알고리즘은 다음 실행할 명령이 때로는 확률분포에 따라서 무작위로 결정된다. 결정적 알고리즘은 그러한 경우가 발생하지 않는다.

▶ 확률적 알고리즘의 주요 특성은 동일한 알고리즘이 동일한 예에서 두 가지로 적용될 때 다르게 행동되어진다는 것이다. 확률적 알고리즘의 또 다른 점은 동일한 입력으로 두 번 실행했을 때 종종 다른 결과들이 얻어질 수 있다는 것이다.

### (1) Monte Carlo 알고리즘

▶ Monte Carlo 알고리즘은 표본공간의 무작위 표본의 평균치를 가지고 표본공간에서 정의된 무작위 변수의 기대치를 추정한다. 추정치가 실제 기대치에 근접하리라는 보장은 없지만, 알고리즘을 이용하는 시간이 증가할수록 실제 기대치에 근접할 확률은 증가한다.

▶ 확률적으로 π 계산하기

– 아래와 같은 부채꼴의 넓이는 $\pi \times 2^2 \times \frac{90°}{360°} = \pi$이다. 따라서 π 값은 다음과 같은 부채꼴의 넓이만 구하면 된다.

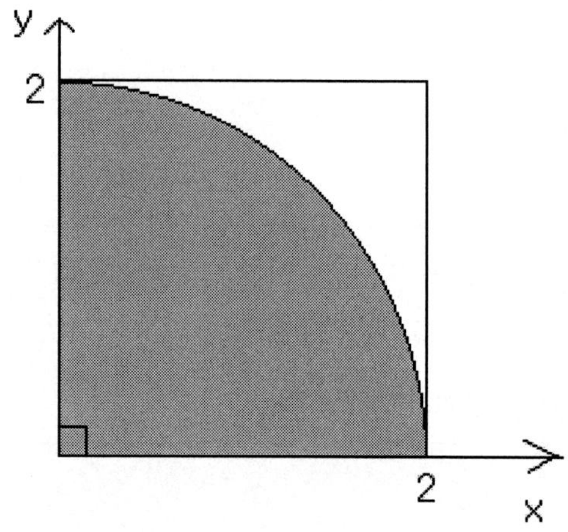


이 넓이는 확률적으로 풀어낼 수 있다. 정사각형 속에 임의의 점 x, y를 찍어서 그것이 부채꼴 안에 들어갈 확률은 $\frac{\pi}{4}$가 된다. 이 때 다음과 같은 비례식이 성립한다.

$$\frac{\pi}{4} : 1 = a : n$$

여기서 a는 부채꼴 안에 들어간 점의 개수이고, n은 찍은 모든 점의 개수이다. 이 식을 계산하면 다음과 같다.

$$\pi = 4 \times \frac{a}{n}$$

$x^2 + y^2 \leq 4$가 되면 (단, $0 \leq x \leq 2$, $0 \leq y \leq 2$) 부채꼴 안에 점이 있다는 것이다.

- 알고리즘

  √ 문제: Monte Carlo 방법으로 π 계산

  √ 입력: 좌표 생성 회수인 정수 n

  √ 출력: π의 근사값

```
void montecalrlo_pi (int n)
{
```

```
    int a, n, i;
    float x, y, pi;
    for (i=1; i<=n; i++) {
      x = random()*2;
      y = random()*2;
      if (x*x+y*y <= 4)
        a = a + 1;
    }
    pi = 4 * (a / n);
    system.out.print("Pi="+pi);
  }
```

## (2) Las Vegas 알고리즘

▶ Las Vegas 알고리즘은 정확한 해결책을 위해 보다 빨리 유도하도록 도움을 주기 위하여 확률적 선택을 하도록 하는 알고리즘이다. Monte Carlo 일고리즘과 달리 이 알고리즘은 결코 오답을 반환하지 않는다.

▶ Las Vegas는 값의 정확도는 보장하지만, 수행 시간은 보장하지 않는 방법이다.

▶ 무작위 빠른 정렬

- 문제: 비내림차순으로 n개 키를 정렬하라.
- 입력: 양의 수 n, 키의 배열 theArray
- 출력: 비내림차순으로 정렬된 키의 배열 theArray

```
void recQuickSort(int left, int right)
{
   if (right-left <= 0)              // if size <= 1,
       return;                      //     already sorted
   else                              // size is 2 or larger
     {
```

```
        // The following three lines of code ensure that an
        // element chosen uniformly at random from
        // theArray[left..right] is used as the pivot.
        Random rand = new Random();
        int pivotIndex = left + rand.nextInt(right-left+1);
        swap(pivotIndex, right);

        long pivot = theArray[right];       // rightmost item
                                             // partition range
        int partition = partitionIt(left, right, pivot);
        recQuickSort(left, partition-1);   // sort left side
        recQuickSort(partition+1, right);  // sort right side
        }
    }  // end recQuickSort()
```

## 3. 예비예제

| 문 제 |
|---|
| 무작위로 생성되는 좌표 개수를 입력으로 받아 확률적으로 π 값을 계산하는 Java 프로그램을 작성하고, 그 실행결과를 보이시오. |

| 해 답 |
|---|

▶ Java 프로그램

```
// Monte Carlo calculation of Pi

import java.util.Random;
import java.io.*;

class Pi {

  public static void main (String[] args) throws IOException {
```

```
    Random point  = new Random();
    int i,n,inside;
    float x,y;          // Coordinates of a random point

    BufferedReader stdin;
    stdin = new BufferedReader (new InputStreamReader (System.in));

    System.out.print ("Enter the number of random points: ");
    n = Integer.parseInt (stdin.readLine());

    inside = 0;
    for (i = 1; i <= n; i++) {
       x = point.nextFloat()*2-1;     // Generate a random point
       y = point.nextFloat()*2-1;
       if (x*x + y*y <= 1) inside++; // if inside the unit circle increment counter
       }

    System.out.print ("Pi = " + 4*(float)inside/n);

    }
}
```

▶ 실행결과

```
명령 프롬프트
C:\progs>javac Pi.java

C:\progs>java Pi
Enter the number of random points: 100
Pi = 3.12
C:\progs>java Pi
Enter the number of random points: 1000
Pi = 3.184
C:\progs>java Pi
Enter the number of random points: 10000
Pi = 3.1392
C:\progs>java Pi
Enter the number of random points: 100000
Pi = 3.14204
C:\progs>_
```

## 4. 실습문제

| 문 제 |
|---|
| 6장 예비예제 1의 빠른 정렬 Java 프로그램을 이 장에서 소개한 무작위 빠른 정렬 Java 프로그램으로 바꾸고, 그 실행결과를 보이시오. |

| 해 답 |
|---|
| |

| 담당교수 | 확인 |
|---|---|

# 제 11 장 분기한정법

## 1. 학습목표

분기한정법은 모든 후보 해를 체계적으로 늘어놓으면서 최적화할 수치의 상한과 하한을 추정, 가망 없다는 판정이 나는 해를 제거해 나간다. 이 장에서는 분기한정법으로 설계된 알고리즘과 그것의 Java 프로그램 작성에 대하여 학습한다.

## 2. 예비지식

▶ 분기한정법(branch and bound)은 다양한 최적화 문제를 풀기 위한 범용 알고리즘이다. 주로 이산 최적화나 조합 최적화 문제를 풀 때 쓴다. 분기 한정법은 모든 후보 해를 체계적으로 늘어놓으면서 최적화할 수치의 상한과 하한을 추정, 가망 없다는 판정이 나는 해를 제거해 나간다. 제거하는 해에서 파생되는 해는 살펴보지 않기 때문에 불필요한 시간 소모를 줄이게 된다.

▶ 분기한정법은 상태 공간 트리를 사용하여 문제를 푼다는 사실은 되추적과 비슷하다. 분기한정법과 되추적과 차이점은 다음과 같다.

√ 트리 운행 방법에 구애를 받지 않는다.

√ 최적화 문제를 푸는 데만 쓰인다.

▶ 분기한정 알고리즘은 어떤 마디가 유망한지를 결정하기 위하여 그 마디에서 한계 값을 계산한다. 이 값은 그 마디 아래로 확장하여 구할 수 있는 해답 값의 한계(bound)를 나타낸다. 그 한계 값이 그 때까지 찾은 최고 해답 값보다 더 좋지 않으면, 그 마디는 유망하지 않다(nonpromising). 그렇지 않으면, 그 마디는 유망하다(promising).

### (1) 배낭 문제

▶ n개의 물건과 하나의 배낭이 주어진다. $i=1,2,\ldots,n$일 때 i는 양수의 무게 $w_i$와 양수 값어치 $p_i$를 가진다. 이 문제의 목적은 용량 내에서 물건의 총 값어치가 최대가 되도록 배낭을 채우는 것이다.

▶ $S=\{item_1, item_2, \ldots, item_n\}$

$w_i = item_i$의 무게

$p_i = item_i$의 값어치

$W=$ 배낭에 넣을 수 있는 최대 무게

여기서 $w_i, p_i, W$는 양의 정수이다. $\sum_{item_i \in A} w_i \le W$를 만족하면서 $\sum_{item \in A} p_i$를 최대가 되도록 S의 부분집합 A를 구하는 것이다.

▶ 한계(bound) 값은 그 마디에서 확장하여 얻을 수 있는 값어치의 상한이 된다. 만일 그 마디가 단계 i에 위치하고 있고, 단계 k에 위치한 마디는 무게의 합이 W를 초과하는 마디라고 하면, 한계(bound) 값은 다음 식으로 구할 수 있다.

$$bound = \left(profit + \sum_{j=i+1}^{k-1} p_j\right) + (W - totweight) \times \frac{p_k}{w_k}$$

$$totweight = weight + \sum_{j=i+1}^{k-1} w_j$$

▶ 알고리즘: 분기한정 가지치기 최고우선검색

- 문제: 무게와 값어치가 주어진 n 개의 아이템이 있다. 무게와 값어치는 양의 정수이다. 무게의 합이 W를 넘지 못한다는 제약 하에 총 값어치를 최대로 하는 아이템의 집합을 구하라.
- 입력: 양의 정수 n과 W; 양의 정수 배열 w와 p, 인덱스의 범위는 1부터 n까지이고, 각 배열은 $\frac{p[i]}{w[i]}$ 값에 따라 큰 값부터 정렬되어 있다.
- 출력: 배낭에 포함되는 최적 아이템들의 값어치의 합 maxprofit

```
int knapsack (int n, int [ ] p, int [ ] w, int W)
{
  priority_queue_of_node PQ;
```

```
node u, v;
int maxprofit;
initilaize(PQ);
v.level = 0;
v.profit = 0;
v.weight = 0;
maxprofilt = 0;
insert(PQ, v);
while (!empty(PQ)) {
  remove(PQ, v);
  if (v.bound > maxprofit) {
    u.level = v.level + 1;
    u.weight = v.weight + w[u.level];
    u.profilt = v.profit + p[u.level];
    if (u.weight <= W && u.profit > maxprofit)
      maxprofit = u.profit;
    u.bound = bound(u);
    if (u.bound > maxprofit)
      insert(PQ, u);
    u.weight = v.weight;
    u.profit = v.profit;
    u.bound = bound(u);
    if (u.vound > maxprofit)
      insert(PQ, u);
  }
}
```

```
  return maxprofit;
}
float bound (node u)
{
  index j, k;
  int totweight;
  float result;
  if (u.weight >= W)
    return 0;
  else {
    result = u.profit;
    j = u.level + 1;
    totweight = u.weight;
    while (j <= n && totweight + w[j] <= W) {
      totweight = totweight + w[j];
      result = result + p[j];
      j++;
    }
    k = j;
    if (k <= n)
      result = result + (W - totweight) * p[k]/w[k];
    return result;
  }
}
```

▶ 실행 예: 다음 배낭 문제의 사례에 대한 값어치를 최대화하라.

| i | $w_i$ | $p_i$ | $p_i/w_i$ |
|---|---|---|---|
| 1 | 4 | $40 | 10 |
| 2 | 7 | $42 | 6 |
| 3 | 5 | $25 | 5 |
| 4 | 3 | $12 | 4 |

배낭의 용량= 10

- 상기 사례에 대한 분기한정 가지치기 알고리즘의 상태 공간 트리

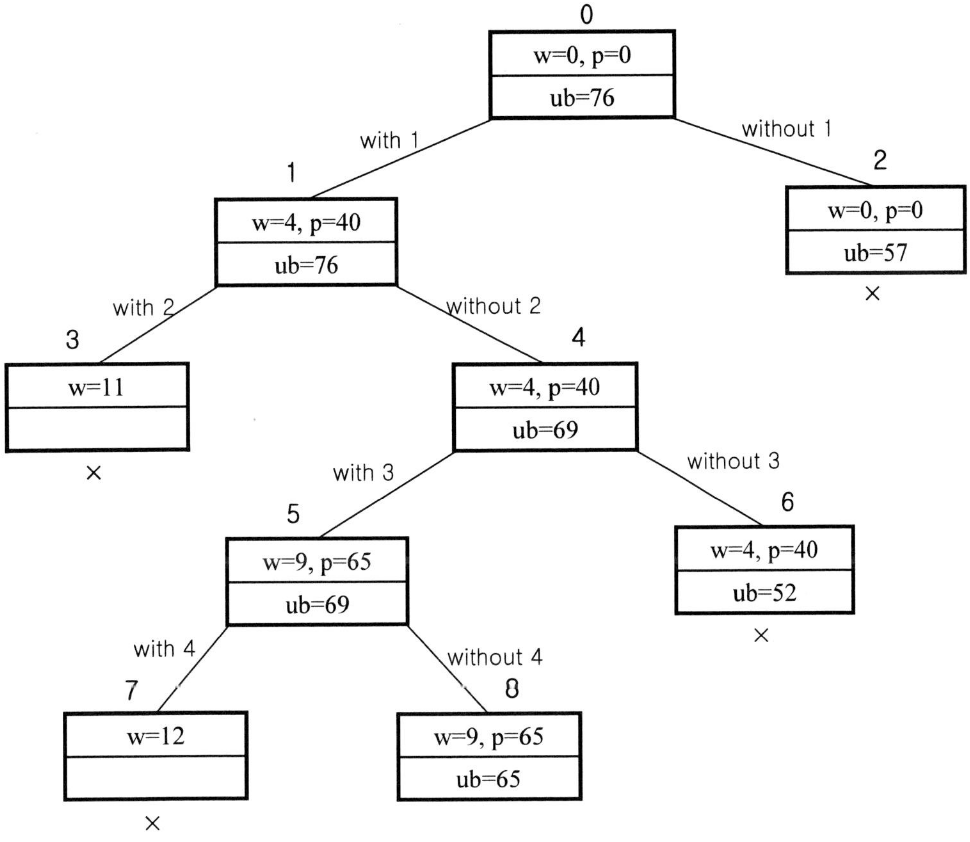


## (2) 외판원 문제

▶ 외판원 문제는 방향 그래프에서 주어진 정점에서 출발하여, 그래프에 있는 모든 정점을 정확히 한 번씩만 방문하고, 출발한 정점으로 돌아오는 최단 경로를 찾는 문제이다. 이러한 경로를 최적 일주여행경로(optimal tour)라고 한다.

▶ 정점 1에서 정점 2로의 부분 경로에 대한 한계(bound) 값은 다음과 같이 결정되어진다.

bound = length from 1 to 2 + sum of min outgoing edges for vertices 2 to n

▶ 실행 예: 분기한정 가지치기 최고우선검색 알고리즘을 사용하여 아래 그래프의

인접행렬에서 최적 일주여행경로를 구하시오.

$$W=\begin{bmatrix} 0 & 14 & 4 & 10 & 20 \\ 14 & 0 & 7 & 8 & 7 \\ 4 & 5 & 0 & 7 & 16 \\ 11 & 7 & 9 & 0 & 2 \\ 18 & 7 & 17 & 4 & 0 \end{bmatrix}$$

– 분기한정 가지치기 최고우선검색을 위한 상태 공간 트리

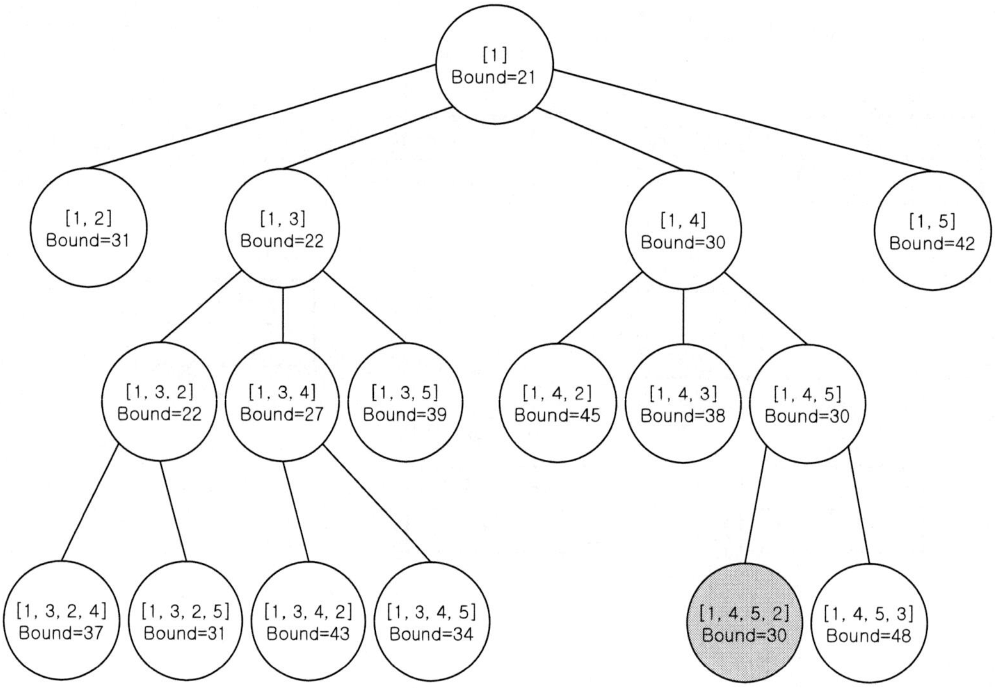


– 최적 일주여행경로

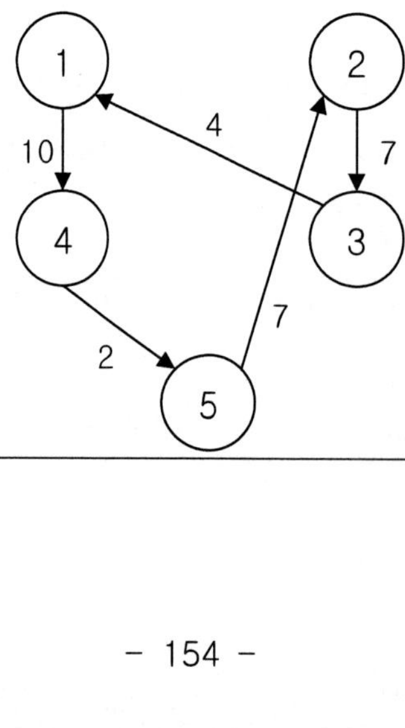

▶ TSP(Traveling Salesman Problem) Java 프로그램

```
/*
* Input file specifications:
*   Number of vertices in the graph (crossroads in the map)
*   That many lines giving names
*   one blank line
*   Lines specifying roads:  two double-quoted names and an integer
*
* Language:  Java 1.5.x due to Scanner, enhanced for loop . . .
*/
import java.util.*;      // Arrays and Collections and . . .

public class TSP_BnB
{
   static int[][]  wt;                    // Matrix of edge weights
   static String[] city;                  // Vector of city names
   static int      n;                     // Dimension for wt and city
   static ArrayList<Tour> soln = new ArrayList<Tour>();
   static int      bestTour;              // Initialized in init()
   static int      blocked;               // Ditto
   static boolean  DEBUG   =  true;      // Show accept/reject decisions
   static boolean  VERBOSE =  true;      // Show all tours discovered

   private static class Tour implements Comparable
   {  int[] soln;
      int   index;       // In branch-and-bound, start of variable
      int   dist;
      static int nTours = 0;
      // Best-first based on dist, or DFS based on maxheap of index
      static boolean DFS =  true;
      static boolean DBG =  true;

      /* Presumable edges up to [index-1] have been verified before
       * this constructor has been called.  So compute the fixed
```

```
  * distance from [0] up to [index-1] as dist.
  */
private Tour(int[] vect, int index, int[][] wt)
{  dist = 0;
   for (int k = 1; k < index; k++)          // Add edges
      dist += wt[vect[k-1]][vect[k]];
   if ( index == n )
      dist += wt[vect[n-1]][vect[0]];       // Return edge
   soln = new int[n];                       // Deep copy
   System.arraycopy(vect, 0, soln, 0, n);
   this.index = index;                      // Index to permute
   nTours++;                                // Count up # of tours
   if ( DBG )
      System.out.printf("Idx %d: %s\n", index, toString() );
}

public int compareTo ( Object o )
{  Tour rt = (Tour)o;
   int  c1 = rt.index - this.index,
        c2 = this.dist - rt.dist;
   if ( DFS )
      return c1 == 0 ? c2 : c1;
   else
      return c2;
}

// For debugging convenience:  show the current state.
public String toString()
{  StringBuilder val = new StringBuilder( city[soln[0]] );
   for ( int k = 1; k < n; k++ )
      val.append(", " + city[soln[k]]);
   val.append(", " + city[soln[0]]);
   val.append( String.format(" for %d", dist) );
   return val.toString();
}
```

```
    }

    // For debugging convenience:  show state UP TO this index
    private static void partial(int[] vect, int index)
    {  int dist = 0;
       System.out.print (city[vect[0]]);
       for ( int k = 1; k <= index; k++ )
       {  System.out.print (", " + city[vect[k]]);
          dist += wt[vect[k-1]][vect[k]];
       }
       System.out.println (" for distance " + dist);
    }

    // Initialize the global variables based on the file passed through
    // the Scanner inp.  See the header for the specifications of the
    // input file.
    private static void init(Scanner inp)
    {  int sub1,
           sub2;
       String line;

       n = inp.nextInt();
       wt = new int[n][n];
       city = new String[n];
       // Initially, there are NO edges; hence -1.
       for ( sub1 = 0; sub1 < n; sub1++ )
          Arrays.fill(wt[sub1], -1);

       inp.nextLine();   // Discard rest of first line
       for ( sub1 = 0; sub1 < n; sub1++ )
          city[sub1] = inp.nextLine();
       Arrays.sort(city);      // Just to be sure (binarySearch)

       inp.nextLine();   // Discard blank spacing line;
       blocked = 0;        // Accumulate ALL weights for upper bound
```

```
    while ( inp.hasNext() )
    {  int     head, tail;
       int     dist;
       String src, dst;

       line = inp.nextLine();    // E.g.:  "George" "Pasco" 91
       // Chop out the double-quoted substrings.
       head = line.indexOf('"') + 1;
       tail = line.indexOf('"', head);
       src = line.substring(head, tail);

       head = line.indexOf('"', tail+1) + 1;
       tail = line.indexOf('"', head);
       dst = line.substring(head, tail);

       dist = Integer.parseInt( line.substring(tail+1).trim() );
       sub1 = Arrays.binarySearch(city, src);
       sub2 = Arrays.binarySearch(city, dst);
       wt[sub1][sub2] = wt[sub2][sub1] = dist;
       blocked += dist;
    }
    blocked += blocked;      // Double the total
    bestTour = blocked;      // And initialize bestTour
}

// Used below in generating permutations.
private static void swap ( int[] x, int p, int q )
{  int tmp = x[p];  x[p] = x[q]; x[q] = tmp;  }
// Generate the available tours by branch-and-bound.
// Generate the initial permutation vector, then save that state
// as the first examined in the branch-and-bound.
public  static void tour()
{  int[] vect = new int[n];
   int    start;
   Queue<Tour> work = new PriorityQueue<Tour>();
```

```
// First permutation vector.
for ( int k = 0; k < n; k++ )
   vect[k] = k;
// We will, however, start from Spokane, not Coulee City
// --- IF the data file is the one for the inland Pacific NW
start = Arrays.binarySearch(city, "Spokane");
if ( start >= 0 )
{  vect[start] = 0; vect[0] = start;  }
// Consequently, we start the permutations at [1], NOT [0].
work.add( new Tour(vect, 1, wt) );
while ( ! work.isEmpty() )  // Branch-and-bound loop
{
   Tour current = work.poll();
   int  index = current.index;
   vect  = current.soln;
   if ( index == n )          // I.e., Full permutation vector
   {  if ( wt[vect[n-1]][vect[0]] > 0 )   // Return edge?
      {  if ( current.dist < bestTour )    // Better than earlier?
         {//Save the state in the list
            bestTour = current.dist;
            soln.add(current);
            if ( DEBUG )
               System.out.println("Accept " + current);
         }
         else if ( DEBUG )
            System.out.println ("Too long:  " + current);
      }
      else if (DEBUG)
         System.out.println(    "Invalid:   " + current);
   }
   else                        // Continue generating permutations
   {
      int k;        // Loop variable
      int hold;     // Used in regenerating the original state
      for ( k = index; k < n; k++ )
```

```
            {
               swap ( vect, index, k );
               if ( wt[vect[index-1]][vect[index]] < 0 )
                  continue;
               work.add ( new Tour(vect, index+1, wt) );
            }
            // Restore original permutation
            hold = vect[index];
            for ( k = index+1; k < n; k++ )
               vect[k-1] = vect[k];
            vect[n-1] = hold;
         }
      }
   }

   public static void main (String[] args) throws Exception
   {
      String filename = args.length == 0 ? "RoadSet.txt"
                                         : args[0];
      Scanner inp = new Scanner ( new java.io.File(filename) );
      System.out.println("Data read from file " + filename);
      init(inp);
      tour();

      if (VERBOSE)
      {  System.out.println ("Tours discovered:");
         for ( Tour opt : soln )
            System.out.println(opt);
      }
      if ( soln.size() == 0 )
      {  System.out.println("NO tours discovered.  Exiting.");
         System.exit(0);
      }
      System.out.println (Tour.nTours + " Tour objects generated.");
      Collections.sort(soln);
```

```
        System.out.println("Best tour:  ");
        System.out.println(soln.get(0));
    }
}
```

▶ Idaho 도시 지도

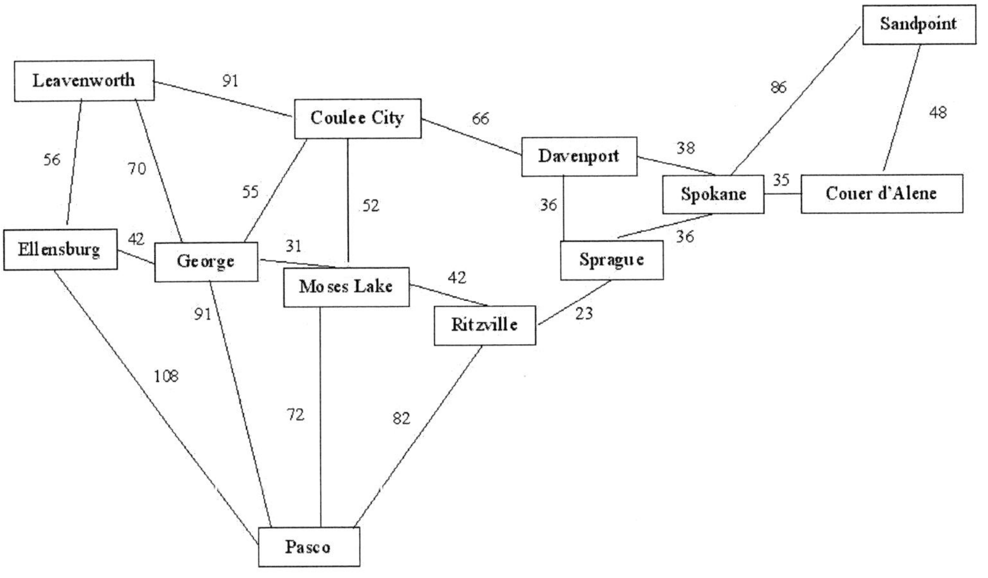


▶ RoadSet.txt

```
10    Inland Pacific NorthWest towns
Coulee City
Davenport
Ellensburg
George
Leavenworth
Moses Lake
Pasco
Ritzville
Spokane
Sprague

"Coulee City" "George"        55
```

```
"Coulee City" "Leavenworth" 91
"Coulee City" "Moses Lake"  52
"Coulee City" "Davenport"   66
"Davenport" "Sprague"       36
"Ellensburg" "George"       42
"Ellensburg" "Pasco"       108
"George" "Leavenworth"      70
"George" "Moses Lake"       31
"George" "Pasco"            91
"Leavenworth" "Ellensburg"  56
"Moses Lake" "Pasco"        72
"Moses Lake" "Ritzville"    42
"Pasco" "Ritzville"         82
"Ritzville" "Sprague"       23
"Spokane"  "Davenport"      38
"Sprague" "Spokane"         36
```

▶ 실행결과

```
Data read from file RoadSet.txt
Idx 1: Spokane, Davenport, Ellensburg, George, Leavenworth, Moses Lake, Pasco, Ritzville, Coulee City, Sprague, Spokane for 0
Idx 2: Spokane, Davenport, Ellensburg, George, Leavenworth, Moses Lake, Pasco, Ritzville, Coulee City, Sprague, Spokane for 38
Idx 2: Spokane, Sprague, Davenport, Ellensburg, George, Leavenworth, Moses Lake, Pasco, Ritzville, Coulee City, Spokane for 36
Idx 3: Spokane, Sprague, Davenport, Ellensburg, George, Leavenworth, Moses Lake, Pasco, Ritzville, Coulee City, Spokane for 72
Idx 3: Spokane, Sprague, Ritzville, Davenport, Ellensburg, George, Leavenworth, Moses Lake, Pasco, Coulee City, Spokane for 59
Idx 4: Spokane, Sprague, Ritzville, Moses Lake, Davenport, Ellensburg, George, Leavenworth, Pasco, Coulee City, Spokane for 101
Idx 4: Spokane, Sprague, Ritzville, Pasco, Davenport, Ellensburg, George, Leavenworth, Moses Lake, Coulee City, Spokane for 141
Idx 5: Spokane, Sprague, Ritzville, Moses Lake, George, Davenport, Ellensburg, Leavenworth, Pasco, Coulee City, Spokane for 132
Idx 5: Spokane, Sprague, Ritzville, Moses Lake, Pasco, Davenport, Ellensburg, George, Leavenworth, Coulee City, Spokane for 173
Idx 5: Spokane, Sprague, Ritzville, Moses Lake, Coulee City, Davenport, Ellensburg,
```

```
George, Leavenworth, Pasco, Spokane for 153
Idx 6: Spokane, Sprague, Ritzville, Moses Lake, George, Ellensburg, Davenport, Leavenworth, Pasco, Coulee City, Spokane for 174
Idx 6: Spokane, Sprague, Ritzville, Moses Lake, George, Leavenworth, Davenport, Ellensburg, Pasco, Coulee City, Spokane for 202
Idx 6: Spokane, Sprague, Ritzville, Moses Lake, George, Pasco, Davenport, Ellensburg, Leavenworth, Coulee City, Spokane for 223
Idx 6: Spokane, Sprague, Ritzville, Moses Lake, George, Coulee City, Davenport, Ellensburg, Leavenworth, Pasco, Spokane for 187
Idx 7: Spokane, Sprague, Ritzville, Moses Lake, George, Ellensburg, Leavenworth, Davenport, Pasco, Coulee City, Spokane for 230
Idx 7: Spokane, Sprague, Ritzville, Moses Lake, George, Ellensburg, Pasco, Davenport, Leavenworth, Coulee City, Spokane for 282

...
...
...

Idx 7: Spokane, Davenport, Coulee City, Leavenworth, George, Ellensburg, Pasco, Moses Lake, Ritzville, Sprague, Spokane for 415
Idx 8: Spokane, Davenport, Coulee City, Leavenworth, George, Ellensburg, Pasco, Moses Lake, Ritzville, Sprague, Spokane for 487
Idx 8: Spokane, Davenport, Coulee City, Leavenworth, George, Ellensburg, Pasco, Ritzville, Moses Lake, Sprague, Spokane for 497
Idx 9: Spokane, Davenport, Coulee City, Leavenworth, George, Ellensburg, Pasco, Moses Lake, Ritzville, Sprague, Spokane for 529
Idx 10: Spokane, Davenport, Coulee City, Leavenworth, George, Ellensburg, Pasco, Moses Lake, Ritzville, Sprague, Spokane for 588
Too long:  Spokane, Davenport, Coulee City, Leavenworth, George, Ellensburg, Pasco, Moses Lake, Ritzville, Sprague, Spokane for 588
Idx 9: Spokane, Davenport, Coulee City, Leavenworth, George, Ellensburg, Pasco, Ritzville, Moses Lake, Sprague, Spokane for 539
Idx 9: Spokane, Davenport, Coulee City, Leavenworth, George, Ellensburg, Pasco, Ritzville, Sprague, Moses Lake, Spokane for 520
Idx 7: Spokane, Davenport, Coulee City, Leavenworth, George, Pasco, Ellensburg, Moses Lake, Ritzville, Sprague, Spokane for 464
Idx 7: Spokane, Davenport, Coulee City, Leavenworth, George, Pasco, Moses Lake, Ellensburg, Ritzville, Sprague, Spokane for 428
Idx 7: Spokane, Davenport, Coulee City, Leavenworth, George, Pasco, Ritzville,
```

```
Ellensburg, Moses Lake, Sprague, Spokane for 438
Idx 8: Spokane, Davenport, Coulee City, Leavenworth, George, Pasco, Moses Lake,
Ritzville, Ellensburg, Sprague, Spokane for 470
Idx 9: Spokane, Davenport, Coulee City, Leavenworth, George, Pasco, Moses Lake,
Ritzville, Sprague, Ellensburg, Spokane for 493
Idx 8: Spokane, Davenport, Coulee City, Leavenworth, George, Pasco, Ritzville, Moses
Lake, Ellensburg, Sprague, Spokane for 480
Idx 8: Spokane, Davenport, Coulee City, Leavenworth, George, Pasco, Ritzville,
Sprague, Ellensburg, Moses Lake, Spokane for 461
Tours discovered:
Spokane, Sprague, Ritzville, Moses Lake, George, Pasco, Ellensburg, Leavenworth,
Coulee City, Davenport, Spokane for 582
Spokane, Sprague, Ritzville, Moses Lake, Pasco, George, Ellensburg, Leavenworth,
Coulee City, Davenport, Spokane for 557
Spokane, Sprague, Ritzville, Pasco, Moses Lake, George, Ellensburg, Leavenworth,
Coulee City, Davenport, Spokane for 537
533 Tour objects generated.
Best tour:
Spokane, Sprague, Ritzville, Pasco, Moses Lake, George, Ellensburg, Leavenworth,
Coulee City, Davenport, Spokane for 537
```

## 3. 예비예제

| 문 제 1 |
|---|
| 아이템의 개수(N), 아이템의 최대 이익(P), 아이템의 최대 무게(W)를 입력으로 받아서, N 아이템에 대한 0과 P-1 사이의 각 아이템의 값어치와 0과 W-1 사이의 무게를 무작위로 생성한 다음, 되추적 알고리즘을 사용하여 값어치를 최대로 하는 0-1 배낭 채우기 문제를 푸는 Java 프로그램을 작성하고, 그 실행결과를 보이시오. |

**해 답**

```
public class Knapsack1 {

    public static void main(String[] args) {
        int N = Integer.parseInt(args[0]);   // number of items
        int P = Integer.parseInt(args[1]);   // maximum profit
        int W = Integer.parseInt(args[2]);   // maximum weight
        int[] profit = new int[N+1];
        int[] weight = new int[N+1];

        // generate random instance, items 1..N
        for (int n = 1; n <= N; n++) {
            profit[n] = (int) (Math.random() * P);
            weight[n] = (int) (Math.random() * W);
        }

        // opt[n][w] = max profit of packing items 1..n with weight limit w
        // sol[n][w] = does opt solution to pack items 1..n with weight limit w
include item n?
        int[][] opt = new int[N+1][W+1];
        boolean[][] sol = new boolean[N+1][W+1];

        for (int n = 1; n <= N; n++) {
            for (int w = 1; w <= W; w++) {

                // don't take item n
                int option1 = opt[n-1][w];

                // take item n
                int option2 = Integer.MIN_VALUE;
                if (weight[n] <= w) option2 = profit[n] + opt[n-1][w-weight[n]];

                // select better of two options
```

```
                opt[n][w] = Math.max(option1, option2);
                sol[n][w] = (option2 > option1);
            }
        }

        // determine which items to take
        boolean[] take = new boolean[N+1];
        for (int n = N, w = W; n > 0; n--) {
            if (sol[n][w]) { take[n] = true;  w = w - weight[n]; }
            else           { take[n] = false;                    }
        }

        // print results
        System.out.println("item" + "\t" + "profit" + "\t" + "weight" + "\t" + "take");
        for (int n = 1; n <= N; n++)
            System.out.println(n + "\t" + profit[n] + "\t" + weight[n] + "\t" +
take[n]);
        System.out.println();
    }
}
```

명령 프롬프트

```
C:\progs>java Knapsack1 7 1500 600
item    profit  weight  take
1       547     68      true
2       705     373     false
3       233     188     false
4       354     323     true
5       9       15      true
6       1176    170     true
7       226     517     false


C:\progs>_
```

## 문 제 2

분기한정 가지치기 최고우선검색으로 다음 배낭 문제의 사례에 대한 값어치를 최대화하는 Java 프로그램을 작성하고, 그 실행결과를 보이시오.

| i | $w_i$ | $p_i$ |
|---|---|---|
| 1 | 2 | 40 |
| 2 | 5 | 30 |
| 3 | 10 | 50 |
| 4 | 5 | 10 |

배낭의 용량= 16

해 답

▶ Java 프로그램

```
public class KnapsackBB
{
   private int[] p;
   private int[] w;
   private int capacity;
   private int n;
   private int numNodes;

   public KnapsackBB(int[] profits, int[] weights, int capacity)
   {
      int i;
      p = new int[profits.length + 1];
      for (i = 1; i <= profits.length; i++)
         p[i] = profits[i-1];
      w = new int[weights.length + 1];
      n = profits.length;
      for (i = 1; i <= weights.length; i++)
         w[i] = weights[i-1];
      this.capacity = capacity;
   }

   public int getNumNodes()
   {
      return numNodes;
   }

   public int solveWithQueue()
   {
      QueueInterface theQueue = new QueueReferenceBased();
      KnapsackItem vItem = new KnapsackItem(0, 0, 0);
      vItem.setBound(bound(vItem));
      int maxProfit = 0;
      theQueue.enqueue(vItem);
      numNodes = 1;
      while (!theQueue.isEmpty())
      {
         vItem = (KnapsackItem) theQueue.dequeue();
         System.out.println("Node: " + vItem);
         KnapsackItem uItem = new KnapsackItem();

         uItem.setLevel(vItem.getLevel() + 1);
         uItem.setWeight(vItem.getWeight() + w[uItem.getLevel()]);
         uItem.setProfit(vItem.getProfit() + p[uItem.getLevel()]);
         if (uItem.getWeight() <= capacity && uItem.getProfit() > maxProfit)
```

```
            maxProfit = uItem.getProfit();
        uItem.setBound(bound(uItem));
        System.out.println("uItem: " + uItem);
        if (bound(uItem) > maxProfit)
        {
            theQueue.enqueue(uItem);
            System.out.println(uItem + " enqueued");
        }
        else
            System.out.println(uItem + " not enqueued");
        KnapsackItem ouItem = new KnapsackItem();

        ouItem.setLevel(uItem.getLevel());
        ouItem.setWeight(vItem.getWeight());
        ouItem.setProfit(vItem.getProfit());
        ouItem.setBound(bound(ouItem));
        System.out.println("ouItem: " + ouItem);
        if (bound(ouItem) > maxProfit)
        {
            theQueue.enqueue(ouItem);
            System.out.println(ouItem + " enqueued");
        }
        else
            System.out.println(ouItem + " not enqueued");
        numNodes = numNodes + 2;
    }
    return maxProfit;
}

public int solveWithPQ()
{
    PriorityQueue thePQ = new PriorityQueue();
    int maxProfit = 0;
    KnapsackItem vItem = new KnapsackItem(0, 0, 0);
    vItem.setBound(bound(vItem));
    KnapsackNode vNode = new KnapsackNode(vItem);
    thePQ.pqInsert(vNode);
    numNodes = 1;
    while (!thePQ.pqIsEmpty())
    {
        vNode = (KnapsackNode) thePQ.pqDelete();
        vItem = vNode.getItem();
        System.out.println("Node: " + vItem);

        if (vItem.getBound() > maxProfit)
        {
            KnapsackItem uItem = new KnapsackItem();
```

```
            uItem.setLevel(vItem.getLevel() + 1);
            uItem.setWeight(vItem.getWeight() + w[uItem.getLevel()]);
            uItem.setProfit(vItem.getProfit() + p[uItem.getLevel()]);
            if (uItem.getWeight() <= capacity && uItem.getProfit() > maxProfit)
               maxProfit = uItem.getProfit();
            uItem.setBound(bound(uItem));
            if (uItem.getBound() > maxProfit)
            {
               thePQ.pqInsert(new KnapsackNode(uItem));
               System.out.println(uItem + " added");
            }
            else
               System.out.println(uItem + " not added");
            KnapsackItem ouItem = new KnapsackItem();
            ouItem.setLevel(uItem.getLevel());
            ouItem.setWeight(vItem.getWeight());
            ouItem.setProfit(vItem.getProfit());
            ouItem.setBound(bound(ouItem));
            if (ouItem.getBound() > maxProfit)
            {
               thePQ.pqInsert(new KnapsackNode(ouItem));
               System.out.println(ouItem + " added");
            }
            else
               System.out.println(ouItem + " not added");
            numNodes = numNodes + 2;
         }
      }

      return maxProfit;
   }

   private float bound(KnapsackItem theItem)
   {
      int j, k;
      int totalWeight;
      float result;

      if (theItem.getWeight() >= capacity)
         result = 0;
      else
      {
         result = theItem.getProfit();
         j = theItem.getLevel() + 1;
         totalWeight = theItem.getWeight();
         while (j <= n && totalWeight + w[j] <= capacity)
         {
```

```
            totalWeight = totalWeight + w[j];
            result = result + p[j];
            j++;
         }
         k = j;
         if (k <= n)
            result = result + (capacity - totalWeight)*((float)p[k])/w[k];
      }
      return result;
   }

   public static void main(String[] args)
   {
      KnapsackBB kbb;
      int capacity = 16;
      int numItems;
      int[] profits = {40, 30, 50, 10};
      int[] weights = {2, 5, 10, 5};
      try
      {
         capacity = Integer.parseInt(args[0]);
         numItems = Integer.parseInt(args[1]);
         profits = new int[numItems];
         weights = new int[numItems];
         int i;

         for (i = 0; i < numItems; i++)
            profits[i] = Integer.parseInt(args[i+2]);
         for (i = 0; i < numItems; i++)
            weights[i] = Integer.parseInt(args[i+numItems+2]);
      }
      catch (Exception e)
      {
      }
      kbb = new KnapsackBB(profits, weights, capacity);
      int profitQ = kbb.solveWithQueue();
      System.out.println("Num nodes with queue: " + kbb.getNumNodes());
      System.out.println("**********************************");
      int profitPQ = kbb.solveWithPQ();
      System.out.println("Num nodes with priority queue: " + kbb.getNumNodes());
      System.out.println("**********************************");
      if (profitQ != profitPQ)
         System.out.println("Something is wrong :(");
      else
         System.out.println("The profit is: " + profitPQ);
   }
}
```

▶ 실행결과

명령 프롬프트

```
C:\progs\knapsack\knapsack>javac KnapsackBB.java

C:\progs\knapsack\knapsack>java KnapsackBB
Node: level: 0 profit: 0 weight: 0 bound: 115.0
uItem: level: 1 profit: 40 weight: 2 bound: 115.0
level: 1 profit: 40 weight: 2 bound: 115.0 enqueued
ouItem: level: 1 profit: 0 weight: 0 bound: 82.0
level: 1 profit: 0 weight: 0 bound: 82.0 enqueued
Node: level: 1 profit: 40 weight: 2 bound: 115.0
uItem: level: 2 profit: 70 weight: 7 bound: 115.0
level: 2 profit: 70 weight: 7 bound: 115.0 enqueued
ouItem: level: 2 profit: 40 weight: 2 bound: 98.0
level: 2 profit: 40 weight: 2 bound: 98.0 enqueued
Node: level: 1 profit: 0 weight: 0 bound: 82.0
uItem: level: 2 profit: 30 weight: 5 bound: 82.0
level: 2 profit: 30 weight: 5 bound: 82.0 enqueued
ouItem: level: 2 profit: 0 weight: 0 bound: 60.0
level: 2 profit: 0 weight: 0 bound: 60.0 not enqueued
Node: level: 2 profit: 70 weight: 7 bound: 115.0
uItem: level: 3 profit: 120 weight: 17 bound: 0.0
level: 3 profit: 120 weight: 17 bound: 0.0 not enqueued
ouItem: level: 3 profit: 70 weight: 7 bound: 80.0
level: 3 profit: 70 weight: 7 bound: 80.0 enqueued
Node: level: 2 profit: 40 weight: 2 bound: 98.0
uItem: level: 3 profit: 90 weight: 12 bound: 98.0
level: 3 profit: 90 weight: 12 bound: 98.0 enqueued
ouItem: level: 3 profit: 40 weight: 2 bound: 50.0
level: 3 profit: 40 weight: 2 bound: 50.0 not enqueued
Node: level: 2 profit: 30 weight: 5 bound: 82.0
uItem: level: 3 profit: 80 weight: 15 bound: 82.0
level: 3 profit: 80 weight: 15 bound: 82.0 not enqueued
ouItem: level: 3 profit: 30 weight: 5 bound: 40.0
level: 3 profit: 30 weight: 5 bound: 40.0 not enqueued
Node: level: 3 profit: 70 weight: 7 bound: 80.0
uItem: level: 4 profit: 80 weight: 12 bound: 80.0
level: 4 profit: 80 weight: 12 bound: 80.0 not enqueued
ouItem: level: 4 profit: 70 weight: 7 bound: 70.0
level: 4 profit: 70 weight: 7 bound: 70.0 not enqueued
Node: level: 3 profit: 90 weight: 12 bound: 98.0
uItem: level: 4 profit: 100 weight: 17 bound: 0.0
level: 4 profit: 100 weight: 17 bound: 0.0 not enqueued
ouItem: level: 4 profit: 90 weight: 12 bound: 90.0
level: 4 profit: 90 weight: 12 bound: 90.0 not enqueued
Num nodes with queue: 17
**********************************
```

명령 프롬프트

```
Node: level: 0 profit: 0 weight: 0 bound: 115.0
level: 1 profit: 40 weight: 2 bound: 115.0 added
level: 1 profit: 0 weight: 0 bound: 82.0 added
Node: level: 1 profit: 40 weight: 2 bound: 115.0
level: 2 profit: 70 weight: 7 bound: 115.0 added
level: 2 profit: 40 weight: 2 bound: 98.0 added
Node: level: 2 profit: 70 weight: 7 bound: 115.0
level: 3 profit: 120 weight: 17 bound: 0.0 not added
level: 3 profit: 70 weight: 7 bound: 80.0 added
Node: level: 2 profit: 40 weight: 2 bound: 98.0
level: 3 profit: 90 weight: 12 bound: 98.0 added
level: 3 profit: 40 weight: 2 bound: 50.0 not added
Node: level: 3 profit: 90 weight: 12 bound: 98.0
level: 4 profit: 100 weight: 17 bound: 0.0 not added
level: 4 profit: 90 weight: 12 bound: 90.0 not added
Node: level: 1 profit: 0 weight: 0 bound: 82.0
Node: level: 3 profit: 70 weight: 7 bound: 80.0
Num nodes with priority queue: 11
**********************************
The profit is: 90

C:\progs\knapsack\knapsack>
```

# 4. 실습문제

**문 제**

외판원 문제를 위한 분기한정 가지치기 최고우선검색 Java 프로그램을 사용하여 아래 가중 연결 그래프의 최적 여행경로와 그 경로의 길이를 구하시오.

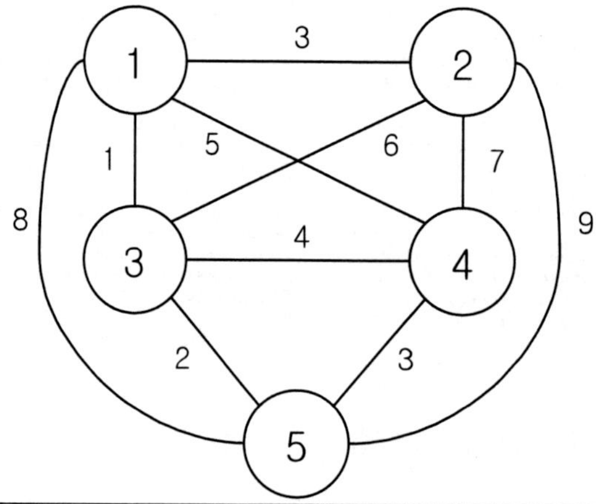


**해 답**

| 담당교수 | 확인 |
| --- | --- |

# 제 12 장 학기 프로젝트

## 1. 학기 프로젝트 예

| 문 제 |
|---|
| 합병 정렬을 시각적으로 보여주는 Java 애플릿 프로그램을 작성하고, 그 실행결과를 보이시오. |

**해 답**

▶ MergeSort.java

```
/*********************************************************/
/* MergeSort.java                                        */
/* A MergeSort demonstration algorithm                   */
/*********************************************************/

import java.util.*;
import java.awt.*;
import java.applet.*;
import java.lang.*;

/*********************************************************/
/*   MergeSort class                                     */
/* A MergeSort demonstration algorithm                   */
/*********************************************************/
public class MergeSort extends java.applet.Applet implements Runnable {

  static final int maxArrayLength=16;
  private Font     font;                          //font variable
  private Panel    panel1,panel2;                 //panel variables
  private Button button1,button2,button3,button4; //button variables
  private Label label1,slow,fast;                 //label variables
  private TextField textfield;                    //textfield variable
  private Scrollbar speed;                        //scrollbar variable
  private int speedFactor=200;                    //animation speed
  int high[]=new int[30];                         //higher index
                                                  //of working array
  int low[]=new int[30];                          //lower index
                                                  //of working array
  int level=0;                                    //level of the recursion
  int workArray[]=new int[30];                    //working array
```

```
  int workLength;                              //   and its length
  int workIdx,arrayIdx;                        //two indice for arrays
  int m1Idx,m2Idx;                             //m1,m2 indice
  int assignCount=0;                           //assignment counter
  int compCount=0;                             //comparison counter
  boolean moveBar;                             //whether to move bars
  boolean showWork;                                //   and whether to show working
array
  int a[]={ 13,6,4,14,3,12,11,7,15,9,16,5,2,1,8,10 };// initial data
  int b[]={ 13,6,4,14,3,12,11,7,15,9,16,5,2,1,8,10 };// initial data backup
  int arrayLength=maxArrayLength;              //a[] array length
  Thread runner;                               //mergesort running thread

  // algorithm source code array
  String code [] = {
    "void mergesort(int a[], int low, int high)  {",
    "  if(low == high) ",
    "       return;",
    "  int length = high-low+1;",
    "  int pivot = (low+high) / 2;",
    "  mergesort(a, low, pivot);",
    "  mergesort(a, pivot+1, high);",
    "  int working[] = new int[length];",
    "  for(int i = 0; i < length; i++) ",
    "      working[i] = a[low+i];",
    "  int m1 = 0; ",
    "  int m2 = pivot-low+1;",
    "  for(int i = 0; i < length; i++) {",
    "    if(m2 <= high-low) ",
    "        if(m1 <= pivot-low) ",
    "            if(working[m1] > working[m2]) ",
    "                a[i+low] = working[m2++];  ",
    "            else ",
    "                a[i+low] = working[m1++];",
    "        else ",
    "            a[i+low] = working[m2++];",
    "    else ",
    "        a[i+low] = working[m1++];",
    "  }",
    "}"
    };

  // algorithm pseudo code array
  String pseudoCode [] = {
    "Enter mergesort with the input array, high index and low index",
    "If low index equals high index ",
    "Return to caller ",
```

```
  "Calculate the length ",
  "Calculate the pivot",
  "Mergesort the half that is before pivot",
  "Mergesort the half that is after pivot",
  "Allocate space for a temporary working array",
  "A for loop to copy input array to working array",
  "A for loop to copy input array to working array",
  "Assign local variable m1 as index of first half",
  "Assign local variable m2 as index of second half",
  "A for loop ends until i reaches length",
  "If m2 is less than or equal to high-low",
  "If m1 is less than or equal to pivot-low",
  "If working[m1] is greater than working[m2]",
  "Assign working[m2] to a[i+low]",
  "Else if working[m1] is greater than working[m2]",
  "Assign working[m1] to a[i+low]",
  "Else if  m1 is greater than pivot-low",
  "Assign working[m2] to a[i+low]",
  "Else if m2 is larger than high-low",
  "Assign working[m1] to a[i+low]",
  "Continue of the for loop",
  "End of MergeSort"
};

CodePanel codeDisplay;                          //declare codepanel
AnimationCanvas animationCanvas;                //declare animationcanvas
int granularity = 0;                            //declare granularity
Choice granularityChoice = new Choice ();       //declare granularity choice
//declare granularity labels
String granularityLabels [] = {"Entire Sort", "Next Merge", "Next Line"};

// initialize the mergesort
public void init() {

  high[0]=-1;                                   //initialize work range indice
  low[0]=-1;
  level=0;

  setLayout(new BorderLayout());                //set the layout of the applet

  panel1 = new Panel();                         //new panel for buttons,etc.
  panel1.setLayout(new FlowLayout());           //set panel layout
  panel1.add(button1=new Button("Reset"));      //add buttons to the panel
  panel1.add(button2=new Button("Sort"));
  panel1.add(button3=new Button("Step"));
  //add items to the granularity choice
  for (int i = 0; i < granularityLabels.length; i++) {
```

```
    granularityChoice.addItem (granularityLabels [i]);
  }
  panel1.add (granularityChoice);              //add granularity choice to panel
  panel1.add( slow = new Label ( "Slow" ) );//add slow label to panel
  //add speed scrollbar to panel
  panel1.add( speed = new Scrollbar( Scrollbar.HORIZONTAL, 5, 1, 1, 10 ) );
  panel1.add( fast = new Label ( "Fast" ) );//add fast label to panel

  panel2 = new Panel();                        //new panel for text field
  panel2.add(label1=new Label("Unsorted Array:"));//add label to panel
  //add textfield to the panel
  panel2.add(textfield=new TextField("13,6,4,14,3,12,11,7,15,9,16,5,2,1,8,10,",45));
  panel2.add(button4 = new Button("Accept")); // add button to panel2
  add("North",panel2);                         //add panel2 to north of applet
  add("South",panel1);                         //add panel1 to south of applet
  animationCanvas=new AnimationCanvas(this);//new animationcanvas
  add ("Center", animationCanvas);             //add animationcanvas to the center
  codeDisplay = new CodePanel (code, pseudoCode, this); //new code display
  add ("East", codeDisplay);                   //add codedisplay to the east
}

// thread runner start
public void startsort() {
  if (runner == null); {                       //if runner thread doesn't exist
    runner = new Thread(this);
    runner.start();
  }
}

// thread runner stop
public void stopsort() {
  if (runner != null) {                        //if runner thread does exist
    runner.stop();
    runner = null;
  }
}

//run the mergesort here
public void run() {
  mergesort(a,0,arrayLength-1);// Sort button is clicked
  //             animationCanvas.repaint();

}

//action handler here
public boolean action(Event evt, Object arg) {
  if (arg.equals("Sort")) {       // Sort button is clicked
```

```
    high[0]=-1;                    //initialize work range indice
    low[0]=-1;
    level=0;
    button2.setLabel("Stop");    //change the button label
    workLength=arrayLength;       //initialize working array length
    System.arraycopy(b, 0, a, 0, b.length); // copy from b[] to a[]
    System.arraycopy(a, 0,workArray,0,workLength); // copy from a[] to wrok array

    startsort();                   //start sorting
  }
  else if (arg.equals("Accept")) { // Accept button is clicked
    high[0]=-1;                    //initialize work range indice
    low[0]=-1;
    level=0;
    stopsort();                    //stop sorting
    button2.setLabel("Sort");     //change the button label
    resetarray();                  //accept the input array from textfield
    animationCanvas.repaint();    //repaint the animation canvas
  }

  else if (arg.equals("Reset")) { // Reset button is clicked
    high[0]=-1;                    //initialize work range indice
    low[0]=-1;
    level=0;
    workLength=0;                  //initialize working array length
    moveBar=false;                 //disable bar movement
    assignCount=0;                 //initialize assignment counter
    compCount=0;                   //   and comparison counter
    stopsort();                    //stop sorting
    button2.setLabel("Sort");     //change the button label
    System.arraycopy(b, 0, a, 0, b.length); // copy from b[] to a[]
    animationCanvas.repaint();    //repaint the animation canvas
  }
  else if (arg.equals("Step")) {  // Step button is clicked
    if (runner!=null)                   //if runner thread does exist
       runner.resume();               // resume the runner thread
  }
  else if (arg.equals("Stop")) {  // Stop button is clicked
    button2.setLabel("Sort");     //change the button label
    stopsort();                    //stop sorting
    moveBar=false;                 //disable bar movement

  }
  else if (evt.target == granularityChoice) { //if Granuality is chosen
    granularity = granularityChoice.getSelectedIndex (); //assign the chosen value
  }
  else if ( evt.target == speed ) {  //if Speed scroll bar is chosen
```

```
    speedFactor=1600 *(11- speed.getValue())/10;//assign the adjusted value
  }

  else return super.action(evt,arg);   // other events happened
  return true;
}

//reset the array of a[] according to the textfield
void resetarray() {
  int i,j,temp;                        //local variables used in this procedure
  String input,subinput;
  int beginIndex,endIndex;
  input=textfield.getText();           //get the textfield content

  //parsing analysis of input contents and store the input into the a[] and b[]
  i=0;
  j=0;
  while (i< input.length() && j<maxArrayLength) {
    while (i< input.length() && (input.charAt(i)>'9' || input.charAt(i)<'0'))
       i++;
    if(i == input.length() )
       break;
    temp=0;
    while (i< input.length() && input.charAt(i)<='9' && input.charAt(i)>='0') {
       temp=temp*10+(int)input.charAt(i)-(int)'0';
       i++;
    }
    if(i == input.length() )
       break;

    a[j]=temp;
    b[j]=a[j];
    j++;
  }
  arrayLength=j;                       //indicate the input array length
}


//mergesort procedure
void mergesort(int a[], int lo, int hi)  {
  showWork=false;                      //disable showing the work array
  level++;                             //increase the level of recursion
  high[level]=hi;                      //assign the work range indice
  low[level]=lo;
  animationCanvas.repaint();       //repaint the animation canvas
  try { Thread.sleep(speedFactor); }  //thread sleep for a while
  catch (InterruptedException e) { }
```

```
    // Base case
    visualize (0, 1);              //highlight the currently executed line
    visualize (1, 2);
    if(lo == hi) {                   //if low and high indice of the array equal to each
other
      compCount++;                   //increase comparison counter
      visualize (2, 2);              //highlight the currently executed line
      high[level]=hi;                //assign the work range indice
      low[level]=lo;
      level--;                         //decrease the level of recursion
      animationCanvas.repaint();     //repaint the animation canvas
      try { Thread.sleep(speedFactor); }  //thread sleep for a while
      catch (InterruptedException e) { }
      return;
    }

    // Recurse
    visualize (3, 2);              //highlight the currently executed line
    int length = hi-lo+1;            //calculate the length of the currenly sorting part
    assignCount++;                   //increase assignment counter
    visualize (4, 2);              //highlight the currently executed line
    int pivot = (lo+hi) / 2;
    assignCount++;                   //increase assignment counter
    visualize (5, 2);              //highlight the currently executed line
    mergesort(a, lo, pivot);
    visualize (6, 2);              //highlight the currently executed line
    mergesort(a, pivot+1, hi);
    // Merge
    visualize (7, 2);              //highlight the currently executed line
    int working [] = new int[length];
    visualize (8, 2);              //highlight the currently executed line
    for(int i = 0; i < length; i++) {
      working[i] = a[lo+i];
      workArray[i]=a[lo+i];
    }
    workLength = length;
    assignCount+=length;                   //increase assignment counter

    visualize (10, 2);             //highlight the currently executed line
    int m1 = 0;
    assignCount++;                   //increase assignment counter
    m1Idx=m1;
    visualize (11, 2);             //highlight the currently executed line
    int m2 = pivot-lo+1;
    assignCount++;                   //increase assignment counter
    m2Idx=m2;
    showWork=true;
```

```
high[level]=hi;
low[level]=lo;
animationCanvas.repaint();    //repaint the animation canvas
try { Thread.sleep(speedFactor/2); } //thread sleep for a while
catch (InterruptedException e) { }
visualize (12, 2);              //highlight the currently executed line
for(int i = 0; i < length; i++) {
  visualize (13, 2);              //highlight the currently executed line
  if(m2 <= hi-lo) {
     compCount++;                 //increase comparison counter
     visualize (14, 2);           //highlight the currently executed line
    if(m1 <= pivot-lo) {
       compCount++;                 //increase comparison counter
       visualize (15, 2);           //highlight the currently executed line
      if(working[m1] > working[m2]) {
         compCount++;                 //increase comparison counter
         visualize (16, 2);           //highlight the currently executed line
         workIdx=m2++;
         m2Idx=m2;
        //a[i+lo] = working[m2++];
         assignCount++;                //increase assignment counter
      }
      else {
         compCount++;                 //increase comparison counter
         visualize (17, 2);           //highlight the currently executed line
         visualize (18, 2);
         workIdx=m1++;
         m1Idx=m1;
        //a[i+lo] = working[m1++];
         assignCount++;                //increase assignment counter
      }
    }
    else {
     compCount++;                 //increase comparison counter
     visualize (19, 2);           //highlight the currently executed line
     visualize (20, 2);
     workIdx=m2++;
     m2Idx=m2;
     //a[i+lo] = working[m2++];
     assignCount++;                //increase assignment counter
    }
  }
  else {
     compCount++;                 //increase comparison counter
     visualize (21, 2);           //highlight the currently executed line
     visualize (22, 2);
     workIdx=m1++;
```

```
            m1Idx=m1;
            //a[i+lo] = working[m1++];
            assignCount++;                  //increase assignment counter
        }
        arrayIdx=i;
        visualize (23, 2);              //highlight the currently executed line

        moveBar=true;

        animationCanvas.move(workIdx,arrayIdx);
        visualize (12, 2);              //highlight the currently executed line
        moveBar=false;
        a[i+lo]=working[workIdx];
        animationCanvas.repaint();    //repaint the animation canvas
        try { Thread.sleep(speedFactor/2); } //thread sleep for a while
        catch (InterruptedException e) { }
      }
      level--;
      animationCanvas.repaint();    //repaint the animation canvas
      try { Thread.sleep(speedFactor); } //thread sleep for a while
      catch (InterruptedException e) { }
      visualize (24, 2);              //highlight the currently executed line
      showWork=false;
  }

  //handle WINDOW_DESTROY event here
  public boolean handleEvent(Event evt) {
    if (evt.id == Event.WINDOW_DESTROY)
      System.exit(0);
    else return super.handleEvent(evt);
    return true;
  }

  //visualize the code panel
  void visualize (int line, int level) {
    codeDisplay.highlightLine (line);          //highlight the currently executed line
    if (level > granularity) {                       //if current level is larger than
granularity
      try {Thread.sleep (speedFactor);}   //thread sleep for a while
      catch (Exception e) {};
    }
    else {
      runner.suspend ();                    //suspend the runner thread
    }
  }

}
```

```
/**********************************************************/
/*   AnimationCanvas class                               */
/* A MergeSort demonstration algorithm                    */
/**********************************************************/

class AnimationCanvas extends Canvas {

  static final int dBarWidth=15;          //constant variables for the positions
  static final int dBarHeight=6;          //     of the animation canvas
  static final int dBarGap=5;
  static final int dBarSpace=dBarWidth+dBarGap;
  static final int originX1=10;
  static final int originY1=120;

  static final int originX2=10;
  static final int originY2=264;

  static final int originX3=10;
  static final int originY3=295;
  Color skyBlue=new Color(116,224,255);      //different color definations
  Color sortedColor=new Color(255,159,77);
  Color unsortedColor=new Color(0,91,131);
  Color rocketColor=new Color(255,122,100);

  MergeSort applet;                        //declare mergesort applet
  Image offscreenImage;                    //offscreenImage for double buffering
  Graphics offscreenGraphics;              //offscreenGraphics for double buffering
  int moveX,moveY,moveWidth,moveHeight;      //movement parameters
  boolean showFlame;                           //whether to show fire flames of
rocket


  //constructor of AnimationCanvas
  public AnimationCanvas (  MergeSort applet ) {
    this.applet = applet;                 //introduce MergeSort applet
    setBackground (skyBlue);               //setBackground color

  }

  public void init() {
    //     offscreenImage= createImage(this.size().width,this.size().height);
    //     offscreenGraphics=offscreenImage.getGraphics();
  }

  //get prefered size
  public Dimension preferredSize () {
```

```
    return new Dimension (200, 100);
  }

  //get minimum size
  public Dimension minimumSize () {
    return preferredSize ();
  }

  //bar movement like a rocket
  public void move(int workIdx, int arrayIdx ){
    int i;                              //some local variables
    int value=applet.workArray[workIdx];

    int X1=originX1+(applet.low[applet.level]+workIdx)*dBarSpace;
    int X2=originX2+(applet.low[applet.level]+arrayIdx)*dBarSpace;
    int Y1=originY2-value*dBarHeight;
    int Y2=originY1-value*dBarHeight;
    moveY=Y1;
    moveWidth=dBarWidth;
    moveHeight=value*dBarHeight;
    showFlame=false;                           //don't shower fire flame when move horizontally
    if (X1<X2)
      for ( moveX=X1; moveX<=X2;moveX+=5) { //move horizontally from left to right
        repaint();                       //repaint the animation canvas
      }
    else if (X1>X2)
      for ( moveX=X1; moveX>=X2;moveX-=5) {//move horizontally from right to left
        repaint();                       //repaint the animation canvas
      }

    moveX=X2;
    i=0;
    for (moveY=Y1; moveY>=Y2;moveY-=8) {//move vertically
      if (i%2==0)
        showFlame=true;                 //show flame then not show flame to make it flashing
      else
        showFlame=false;
      i++;
      repaint();                        //repaint the animation canvas
    }
  }
```

```
  //paint function on the Graphics
  public void paint(Graphics g) {
    char temp[];                          //some local variables
    int value;
    int pivot;
    int workLength;
    Polygon poly;

    //text strings on the canvas
    g.drawString("Sorting Array a[ ]",originX1+120,originY1+35);
    g.drawString("Temp Array working[ ]",originX2+100,originY2+25);
    g.drawString("Working Range at Levels of Recursion",originX1+60,originY3+75);
    g.drawString("Comparison Counter = "+applet.compCount+
               "                              Assignment            Counter           =
"+applet.assignCount,originX1,originY3+100);
    //animation for Working Range at Levels of Recursion
    for (int i=1;i<=applet.level;i++) {
         g.setColor(Color.black);
         g.drawString(""+i,2,originY3+i*10);
         g.setColor(Color.gray);
         workLength=applet.high[i]-applet.low[i]+1;
         if (workLength>0)
                         g.fillRect(originX3+applet.low[i]*dBarSpace,originY3+i*10-5,
workLength*dBarSpace,6 );
    }

    //animation for Sorting Array a[ ]
    for (int i=0;i<applet.arrayLength;i++) {
      value=applet.a[i];
      if (i>=applet.low[applet.level] && i<=applet.high[applet.level])
         g.setColor(sortedColor);
      else
         g.setColor(unsortedColor);
      g.drawString(""+value,originX1+i*dBarSpace,originY1+20);

g.fillRect(originX1+i*dBarSpace,originY1-value*dBarHeight,dBarWidth,value*dBarHeight);
    }

    //animation for Temp Array working[ ]
    if (applet.showWork){
      pivot=applet.workLength/2;

      for (int i=0;i<applet.workLength;i++) {
         value=applet.workArray[i];
         if (i<applet.m1Idx)
           g.setColor(Color.blue);
         else if (i< pivot)
```

```
          g.setColor(Color.yellow);
        else if (i< applet.m2Idx)
          g.setColor(Color.blue);
        else
          g.setColor(Color.orange);

g.fillRect(originX2+(i+applet.low[applet.level])*dBarSpace,originY2-value*dBarHeight,dB
arWidth,value*dBarHeight);
        if (i==applet.m1Idx)

g.drawString("m1="+i,originX2+(i+applet.low[applet.level])*dBarSpace,originY2+10);
        if (i==applet.m2Idx)

g.drawString("m2="+i,originX2+(i+applet.low[applet.level])*dBarSpace,originY2+18);

      }
    }

    //animation for bar movement like a rocket
    if (applet.moveBar) {
      g.setColor(rocketColor);
      int                                                                    Xs[]=
{moveX,moveX+moveWidth/2,moveX+moveWidth,moveX+moveWidth,moveX};
      int                                                                    Ys[]=
{moveY,moveY-moveWidth,moveY,moveY+moveHeight,moveY+moveHeight};
      int pts=Xs.length;
      poly=new Polygon(Xs,Ys,pts);
      g.fillPolygon(poly);
      if (showFlame) {
         for (int i=moveX;i<=moveX+moveWidth;i++){
           if (i%3==0)
             g.setColor(Color.yellow);
           else if (i%2==1)
             g.setColor(Color.red);
           else
             g.setColor(Color.white);

           g.drawLine(i,moveY+moveHeight+5,i,moveY+moveHeight+20);
         }
      }

    }
  }

  //override repaint() to support double buffering
  public void repaint()
  {
```

```
    Image image = this.createImage(size().width, size().height);
    Graphics g = image.getGraphics();
    g.setColor(this.getBackground());
    g.fillRect(0,0,size().width,size().height);
    g.setColor(this.getForeground());
    paint(g);
    this.getGraphics().drawImage(image,0,0,null);
  }
}

/*********************************************************/
/* A MergeSort demonstration algorithm                   */
/*********************************************************/

class CodePanel extends Panel {

  static final int marginX = 20;          //constant variables for the positions
  static final int marginY = 10;          //  for code panel
  static final int offsetX = 1;
  static final int offsetY = 1;
  static final int none    = -1;
  String code [];
  String explanations [];
  Font font = new Font ("TimesRoman", Font.PLAIN, 14);
  int lineHeight;
  int baseLine;
  int maxWidth = 0;
  int highlightedLine = none;
  Label explanation = new Label ();
  Applet applet;
  Color backgroundColor= new Color(24,255,208);
  Color explainColor = Color.gray;

  //constructor for  CodePanel
  public CodePanel (String code [], String explanations [], Applet applet) {
    this.code = code;
    this.explanations = explanations;
    this.applet = applet;
    setBackground (backgroundColor);
    explanation.setBackground (explainColor);
    add (explanation);
    explanation.hide ();
  }

  //preferredSize
  public Dimension preferredSize () {
    return new Dimension (maxWidth + 2 * marginX
```

```
                                , code.length * lineHeight + 2 * marginY);
}

//addNotify
public void addNotify () {
  super.addNotify ();
  setFont (font);
  FontMetrics metrics = getFontMetrics (font);
  baseLine = metrics.getAscent ();
  lineHeight = baseLine + metrics.getDescent ();
  for (int i = 0; i < code.length; i++) {
    maxWidth = Math.max (maxWidth, metrics.stringWidth (code [i]));
  }
  maxWidth+=40;
}

//reset
public void reset () {
  if (highlightedLine != none) {
    colorLine (highlightedLine, backgroundColor);
  }
  highlightedLine = none;
}

//highlight the currently executed line
public void highlightLine (int line) {
  if (highlightedLine != none) {
    colorLine (highlightedLine, backgroundColor);
  }
  highlightedLine = line;
  if (highlightedLine != none) {
    colorLinc (highlightedLine, Color.orange);
  }
}

//make color rectangle
public void colorLine (int line, Color color) {
  Graphics g = getGraphics ();
  int y = marginY + line * lineHeight;
  g.setColor (color);
  g.fillRect (0, y, size ().width - 1, lineHeight);
  g.setColor (Color.black);
  g.drawString (code [line], marginX, y + baseLine);
}

//paint the code panel
public void paint (Graphics g) {
```

```
    int y = marginY + baseLine;
    for (int i = 0; i < code.length; i++, y += lineHeight) {
      g.drawString (code [i], marginX, y);
    }
    highlightLine (highlightedLine);
  }

  //if there's mouseExit event
  public boolean mouseExit (Event event, int x, int y) {
    explanation.hide ();
    validate ();
    return true;
  }

  //if there's mouseUp event
  public boolean mouseUp (Event event, int x, int y) {
    int line = (y - marginY) / lineHeight;
    if ((line <= explanations.length)
         || (explanations [line].equals (""))) {
      explanation.setText (explanations [line]);
      explanation.setBackground (explainColor);
      explanation.setForeground (Color.black);
      explanation.validate ();
      explanation.show ();
    }
    else {
      explanation.hide ();
    }
    validate ();
    explanation.move (marginX + offsetX
                       , marginY + offsetY + (line + 1) * lineHeight);
    return true;
  }

}
```

▶ MergeSort.html

```
<HTML>
<HEAD>
<TITLE>Dijkstra Shortest Path</TITLE>
</HEAD>
<BODY>
<h2 align="center"><applet code="MergeSort.class"
align="baseline" width="650" height="480"></applet></h2>
</BODY>
</HTML>
```

▶ 실행결과

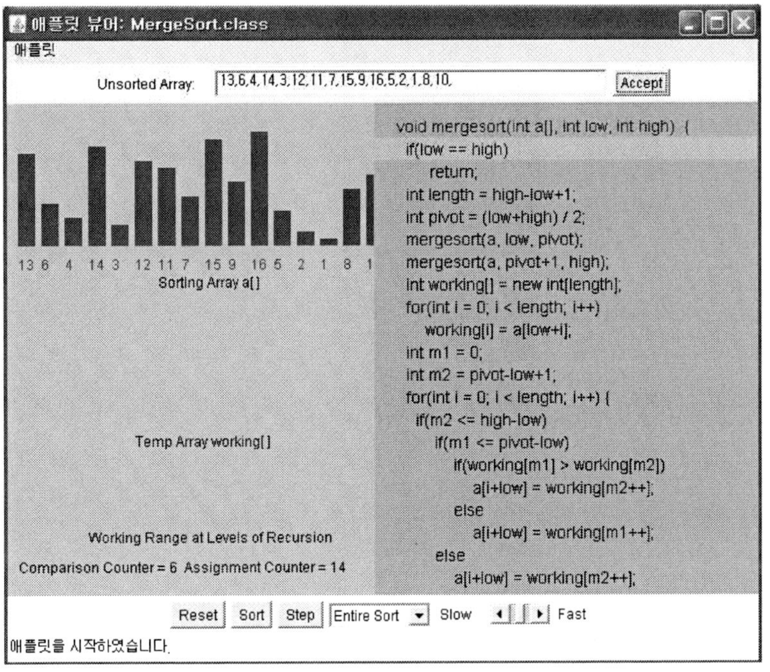
애플릿 뷰어: MergeSort.class
애플릿
Unsorted Array: 13,6,4,14,3,12,11,7,15,9,16,5,2,1,8,10,
Accept
void mergesort(int a[], int low, int high) {
if(low == high)
return;
int length = high-low+1;
int pivot = (low+high) / 2;
mergesort(a, low, pivot);
mergesort(a, pivot+1, high);
int working[] = new int[length];
for(int i = 0; i < length; i++)
working[i] = a[low+i];
int m1 = 0;
int m2 = pivot-low+1;
for(int i = 0; i < length; i++) {
if(m2 <= high-low)
if(m1 <= pivot-low)
if(working[m1] > working[m2])
a[i+low] = working[m2++];
else
a[i+low] = working[m1++];
else
a[i+low] = working[m2++];
Sorting Array a[]
Temp Array working[]
Working Range at Levels of Recursion
Comparison Counter = 6 Assignment Counter = 14
Reset Sort Step Entire Sort Slow Fast
애플릿을 시작하였습니다.

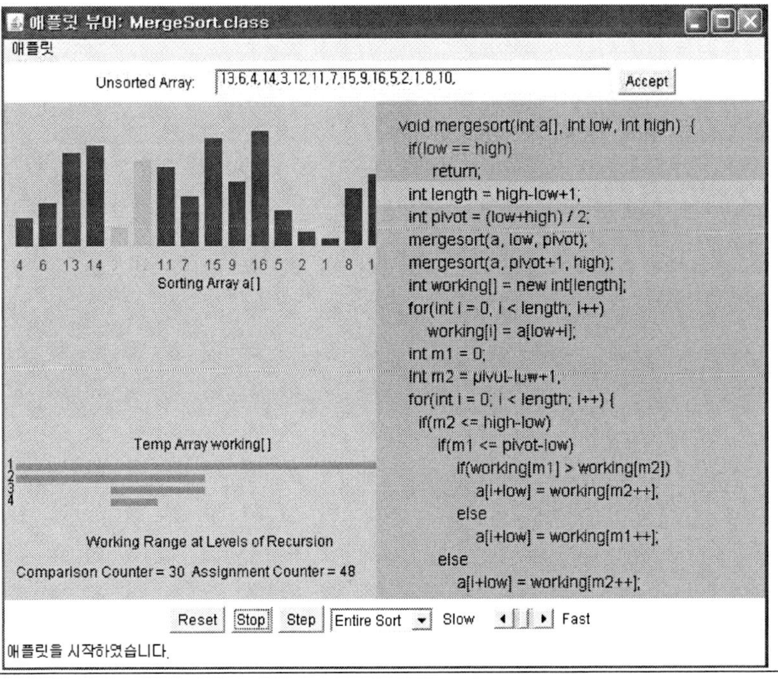
애플릿 뷰어: MergeSort.class
애플릿
Unsorted Array: 13,6,4,14,3,12,11,7,15,9,16,5,2,1,8,10,
Accept
Sorting Array a[]
Temp Array working[]
Working Range at Levels of Recursion
Comparison Counter = 30 Assignment Counter = 48
Reset Stop Step Entire Sort Slow Fast
애플릿을 시작하였습니다.

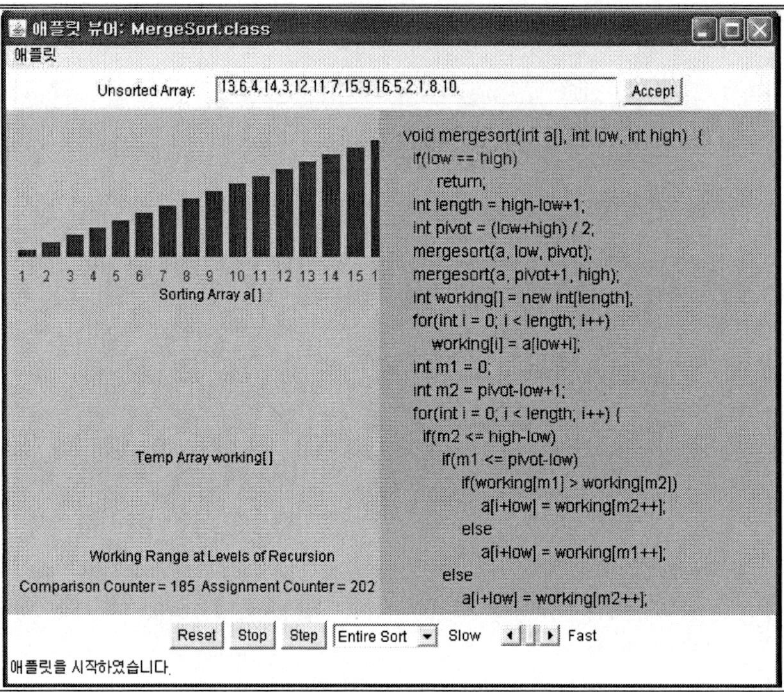


## 2. 학기 프로젝트 DB

| 문 제 |
| --- |
| 학기 프로젝트 DB에 있는 컴퓨터 알고리즘 관련 Java 애플릿 중 하나를 선택하여 구현하고, Java 프로그램과 실행결과를 제출하시오. |

| DB #1 |
| --- |
| Bubble Sort |

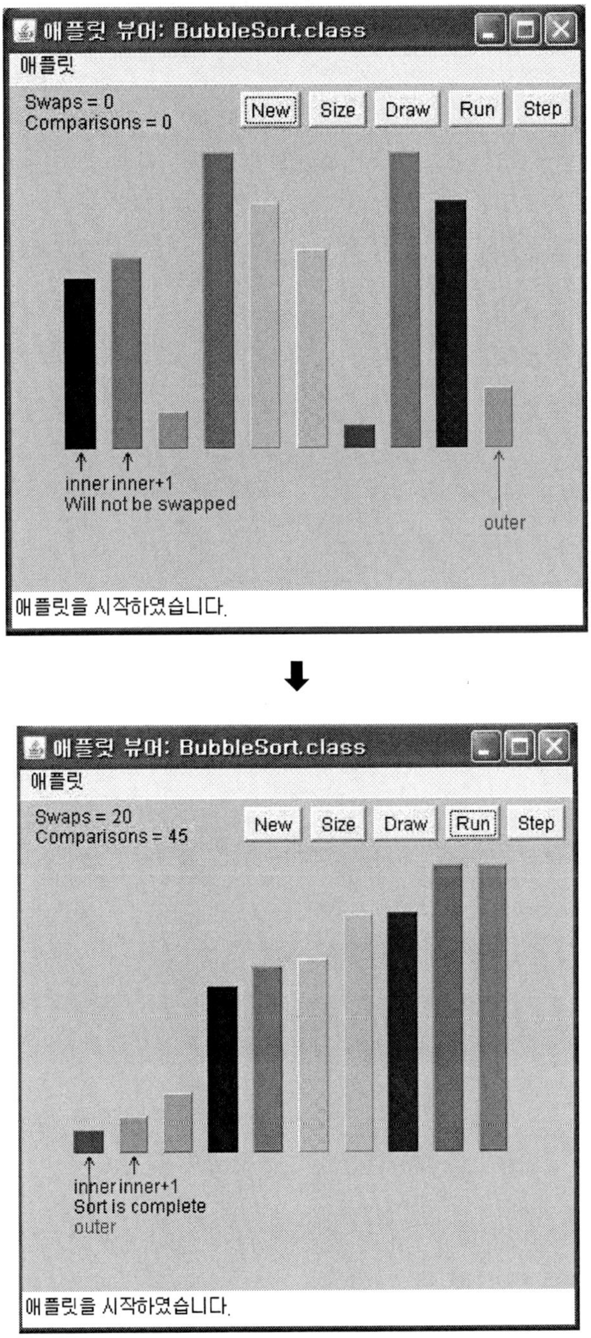

| DB #2 |
| --- |
| Selection Sort |

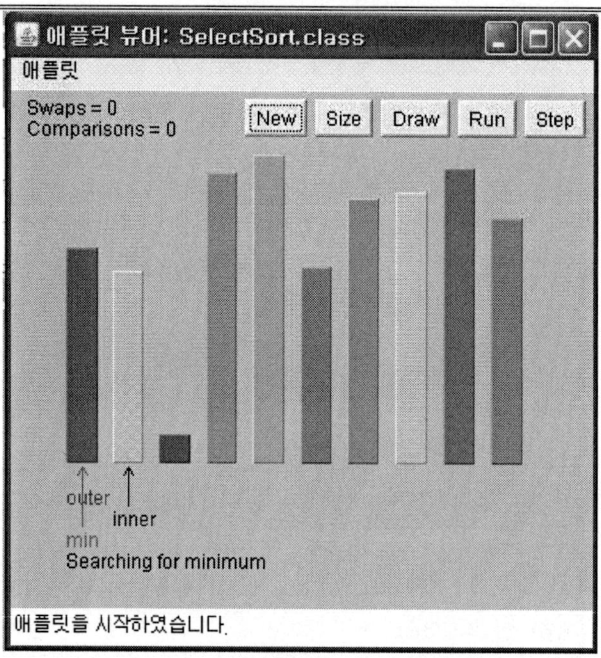


⬇

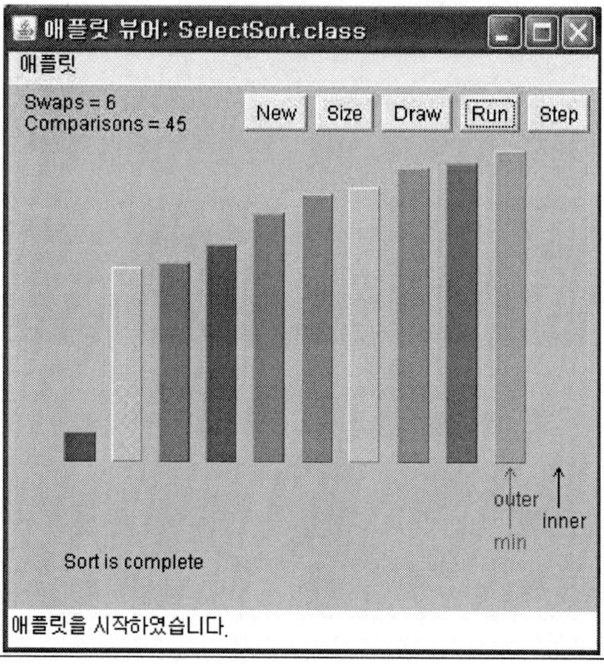

| DB #3 |
| --- |
| Insertion Sort |

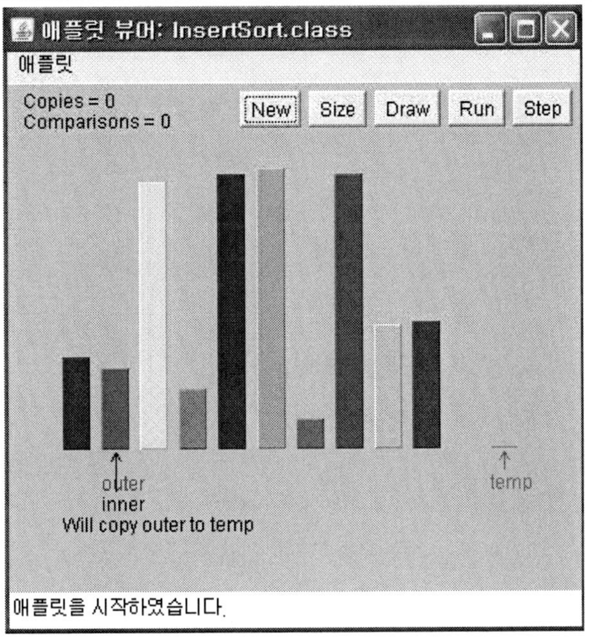


⬇

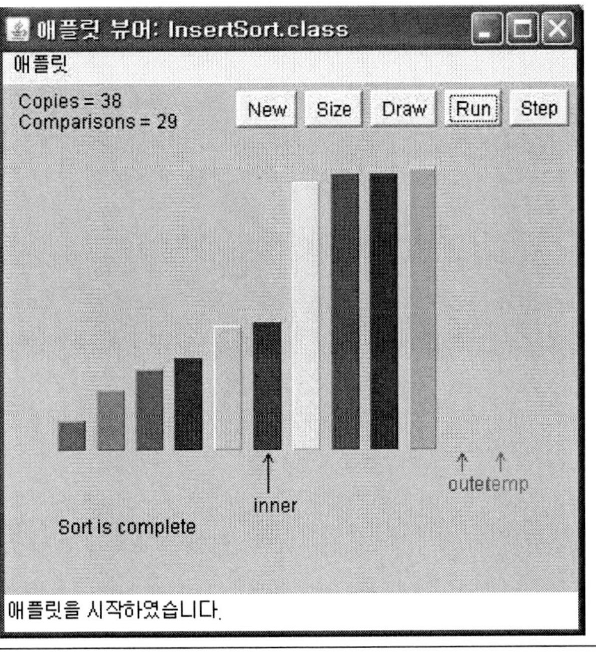

| DB #4 |
| --- |
| Merge Sort |

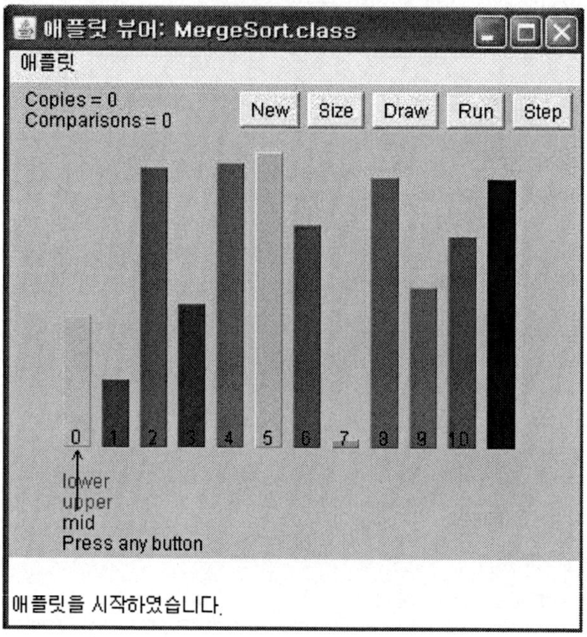


⬇

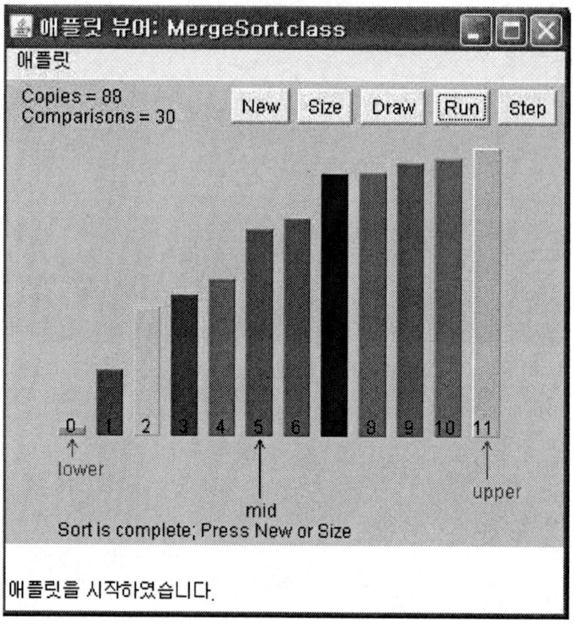

## DB #5

### Hanoi Tower

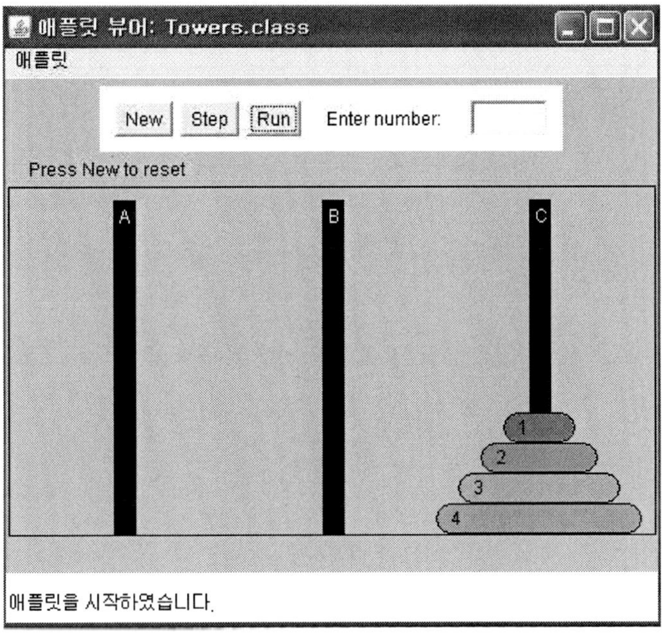


⬇

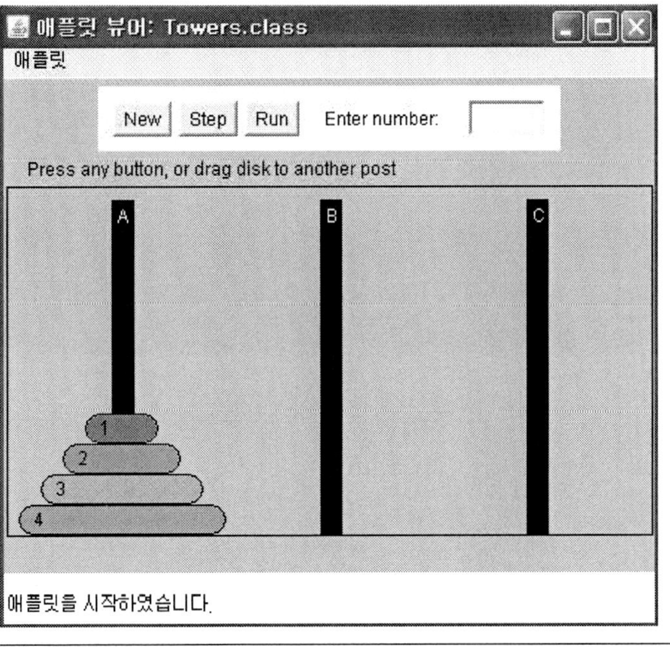

| DB #6 |
| --- |
| Quick Sort |

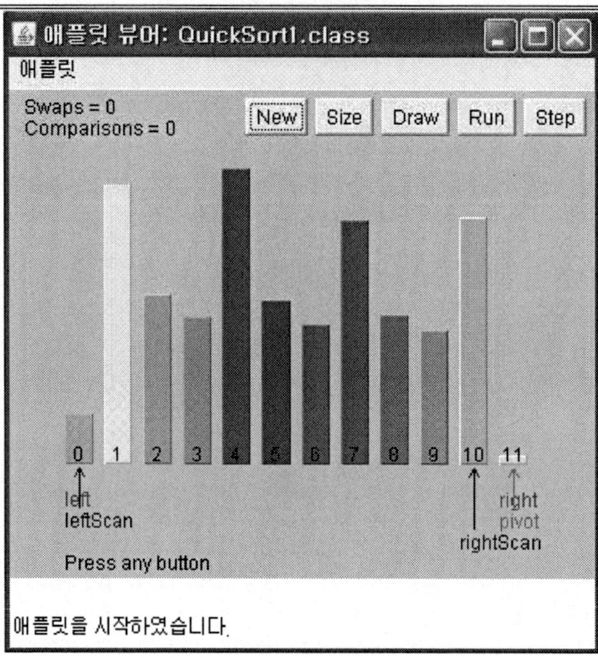


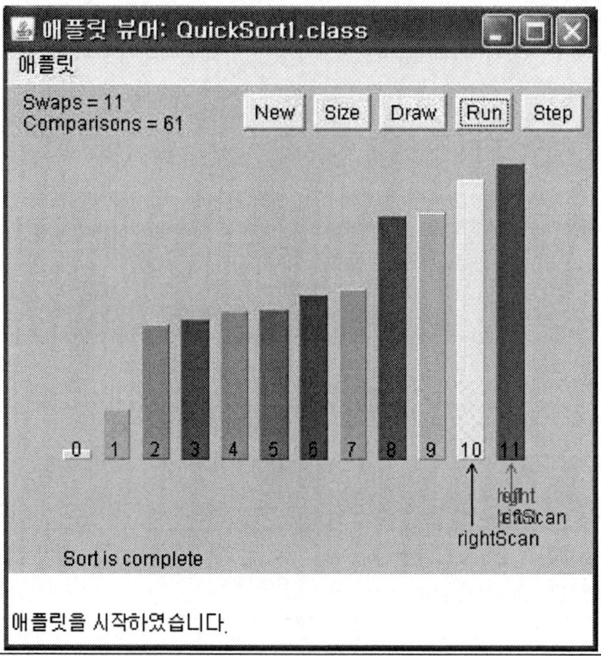

| DB #7 |
| --- |
| Shell Sort |

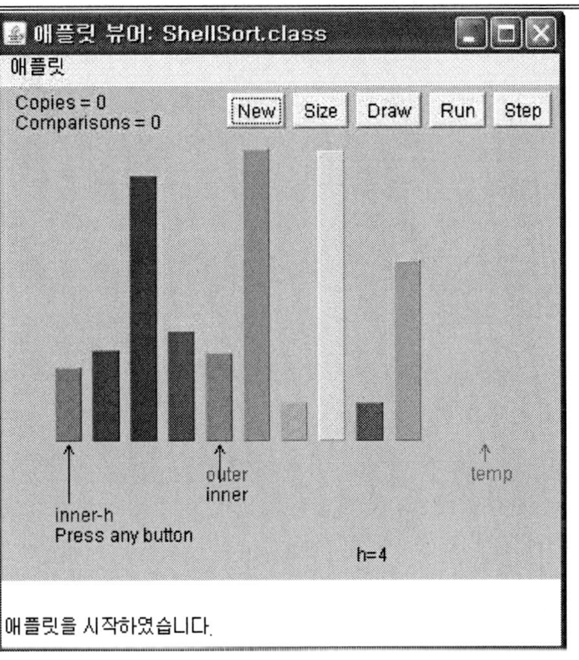


⬇

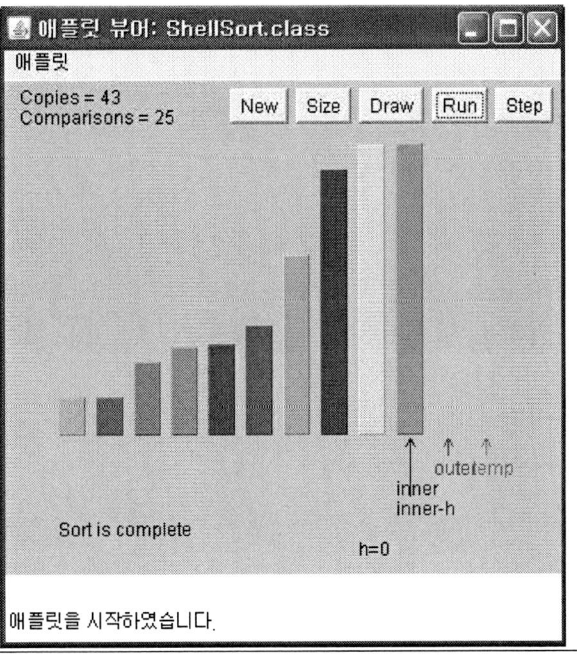

# DB #8

## Binary Search Tree

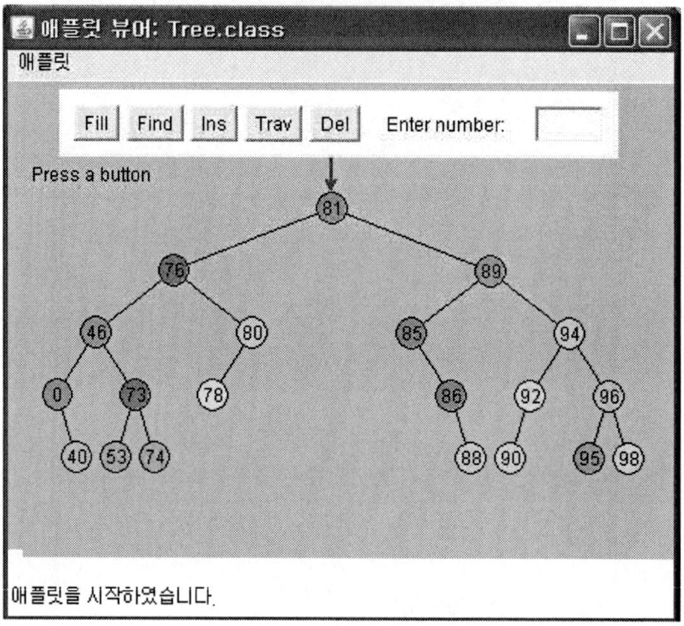


⬇

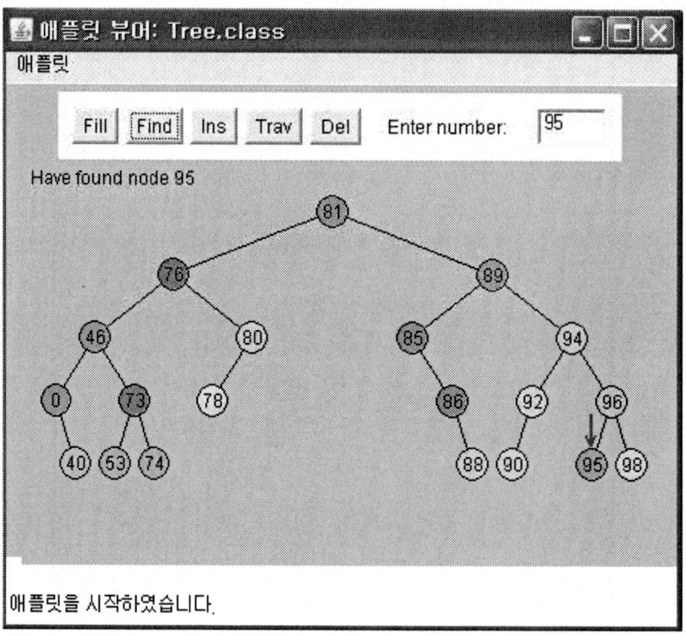

# DB #9

## Hashing

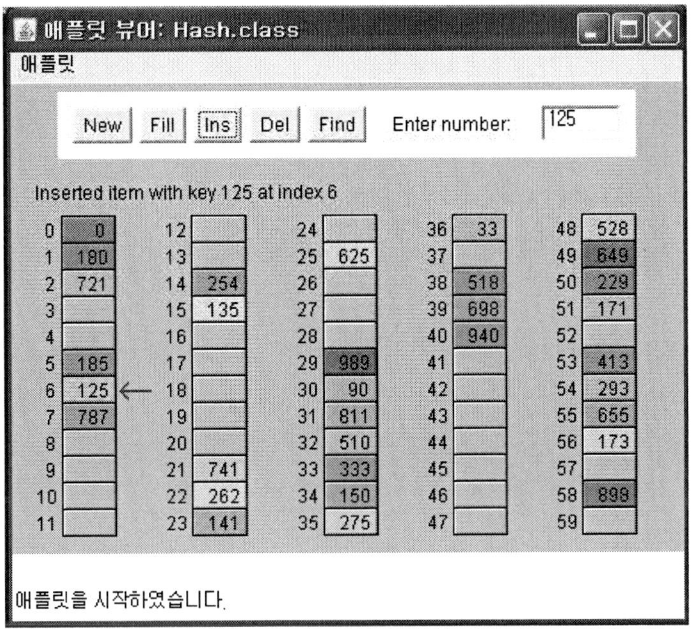
애플릿 뷰어: Hash.class
애플릿
New
Fill
Ins
Del
Find
Enter number:
125
Inserted item with key 125 at index 6
0 0
1 180
2 721
5 185
6 125
7 787
14 254
15 135
21 741
22 262
23 141
25 625
29 989
30 90
31 811
32 510
33 333
34 150
35 275
36 33
38 518
39 698
40 940
48 528
49 649
50 229
51 171
53 413
54 293
55 655
56 173
58 898
애플릿을 시작하였습니다.

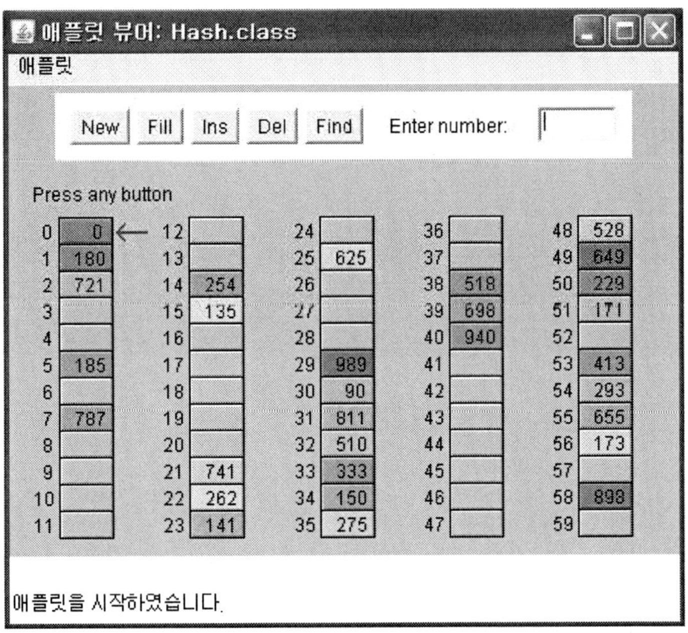
애플릿 뷰어: Hash.class
애플릿
New
Fill
Ins
Del
Find
Enter number:
Press any button
0 0
1 180
2 721
5 185
7 787
14 254
15 135
21 741
22 262
23 141
25 625
29 989
30 90
31 811
32 510
33 333
34 150
35 275
38 518
39 698
40 940
48 528
49 649
50 229
51 171
53 413
54 293
55 655
56 173
58 898
애플릿을 시작하였습니다.

## DB #10

### Heap

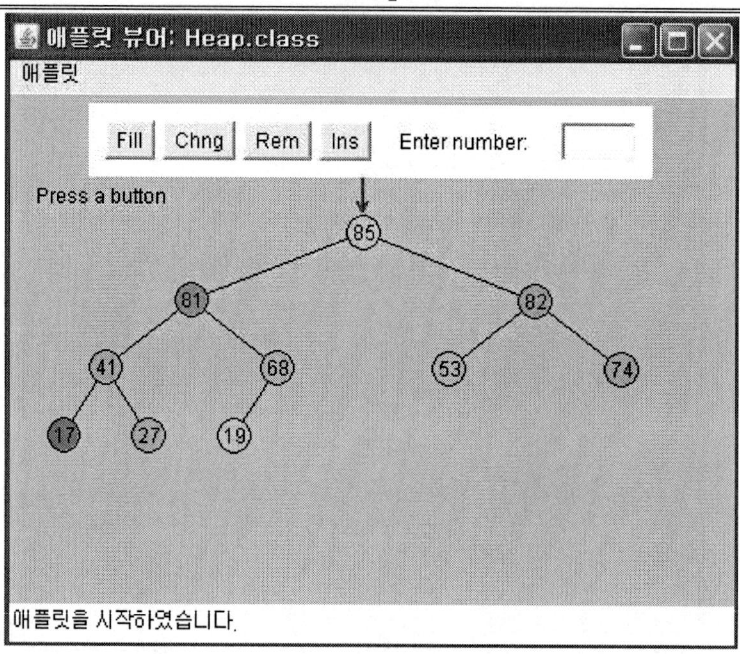
애플릿 뷰어: Heap.class
애플릿
Fill
Chng
Rem
Ins
Enter number:
Press a button
85
81
82
41
68
53
74
17
27
19
애플릿을 시작하였습니다.

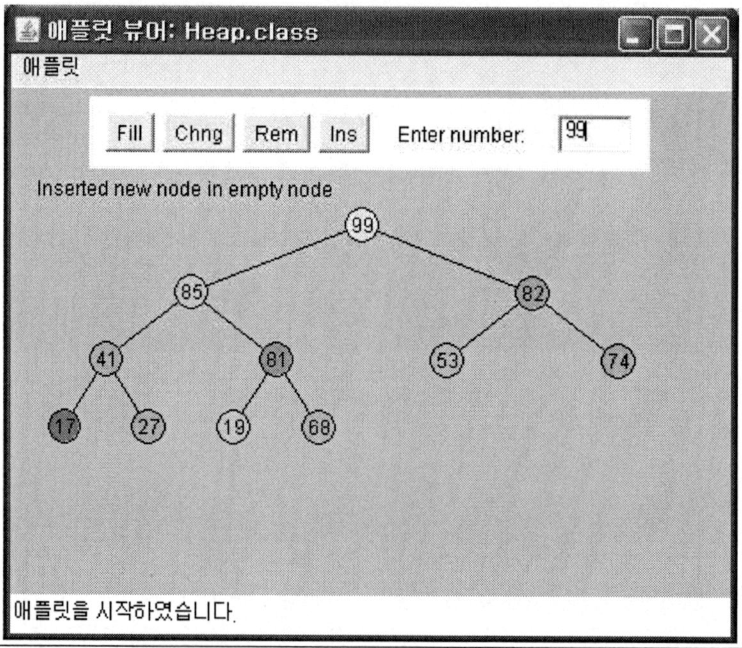
애플릿 뷰어: Heap.class
애플릿
Fill
Chng
Rem
Ins
Enter number:
99
Inserted new node in empty node
99
85
82
41
81
53
74
17
27
19
68
애플릿을 시작하였습니다.

## DB #11

### Not Directed, not Weighted Graph

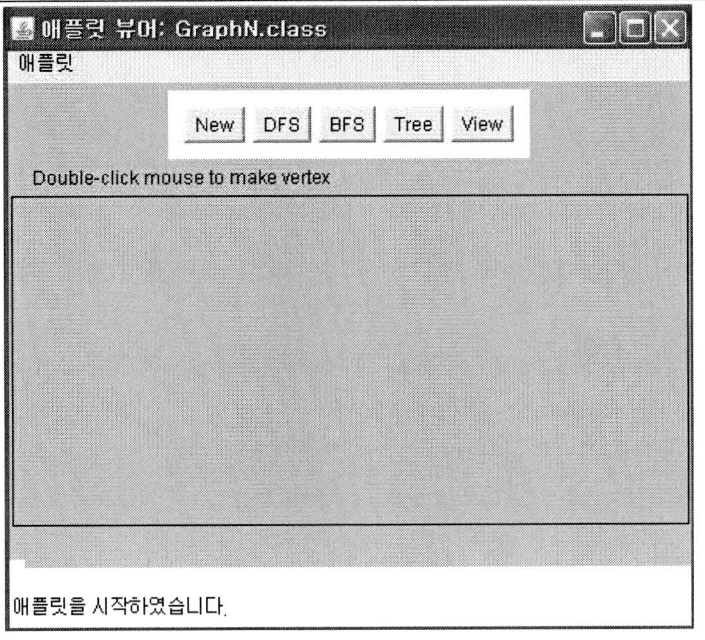


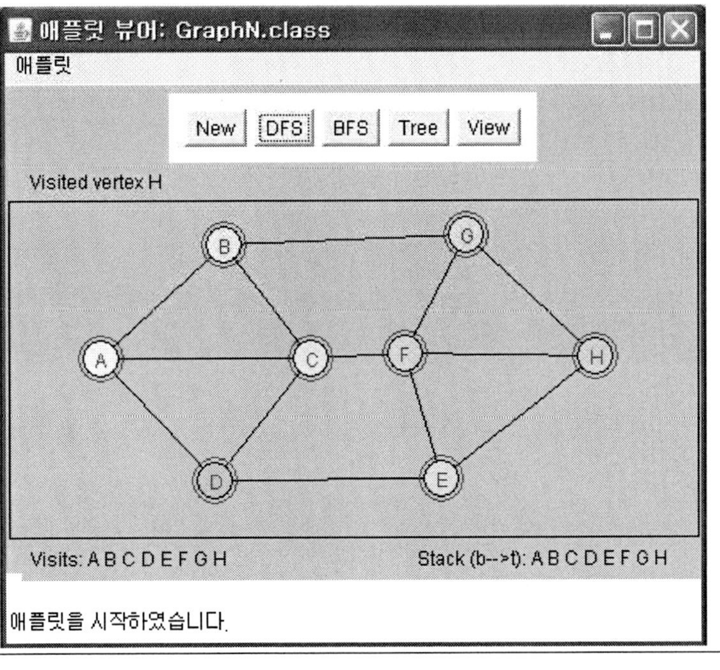

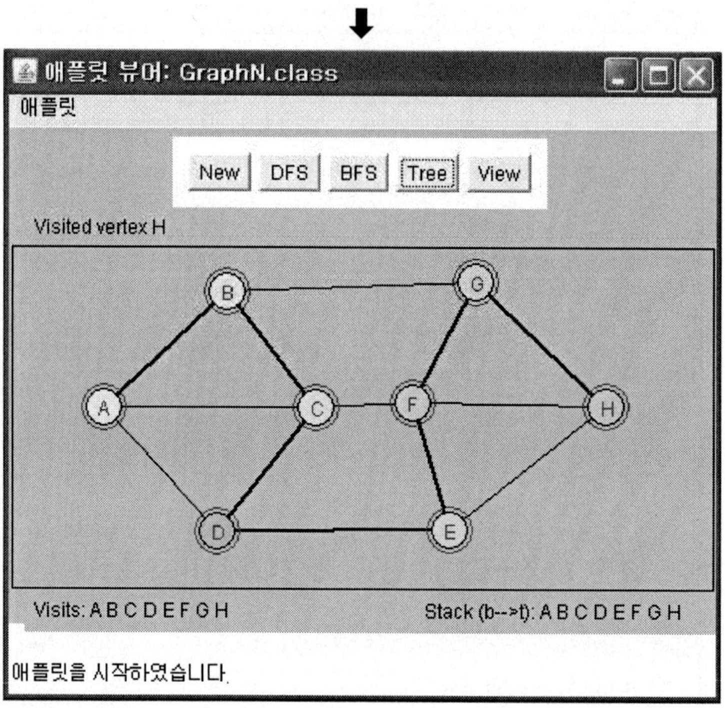
애플릿 뷰어: GraphN.class
애플릿
New
DFS
BFS
Tree
View
Visited vertex H
B
G
A
C
F
H
D
E
Visits: A B C D E F G H
Stack (b-->t): A B C D E F G H
애플릿을 시작하였습니다.

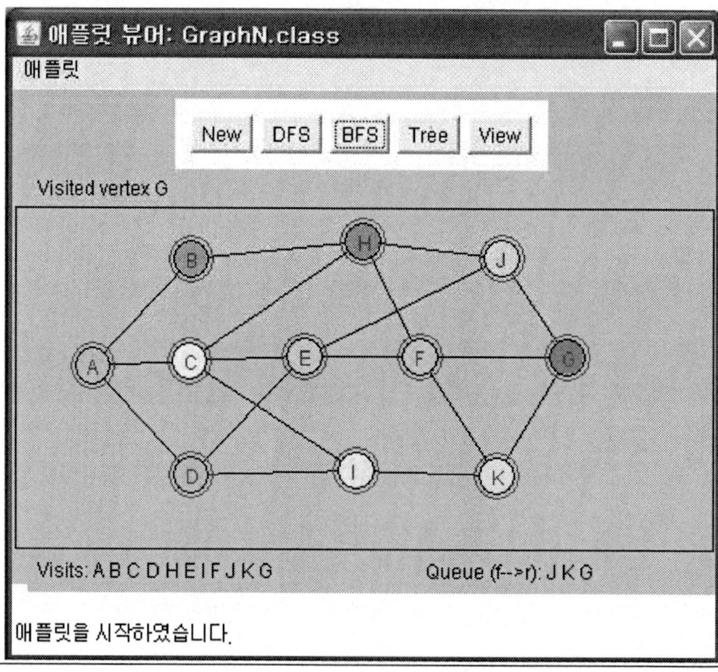
애플릿 뷰어: GraphN.class
애플릿
New
DFS
BFS
Tree
View
Visited vertex G
B
H
J
A
C
E
F
G
D
I
K
Visits: A B C D H E I F J K G
Queue (f-->r): J K G
애플릿을 시작하였습니다.

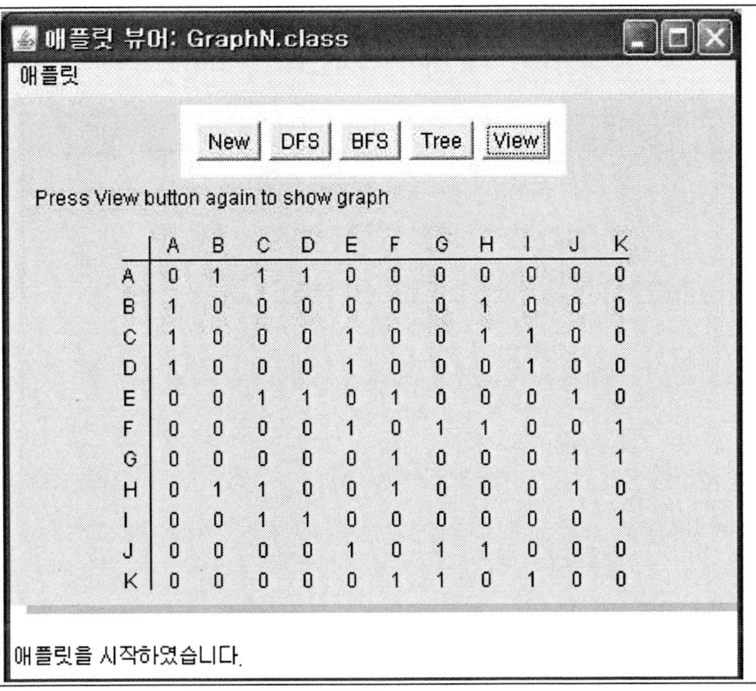


| | A | B | C | D | E | F | G | H | I | J | K |
|---|---|---|---|---|---|---|---|---|---|---|---|
| A | 0 | 1 | 1 | 1 | 0 | 0 | 0 | 0 | 0 | 0 | 0 |
| B | 1 | 0 | 0 | 0 | 0 | 0 | 0 | 1 | 0 | 0 | 0 |
| C | 1 | 0 | 0 | 0 | 1 | 0 | 0 | 1 | 1 | 0 | 0 |
| D | 1 | 0 | 0 | 0 | 1 | 0 | 0 | 0 | 1 | 0 | 0 |
| E | 0 | 0 | 1 | 1 | 0 | 1 | 0 | 0 | 0 | 1 | 0 |
| F | 0 | 0 | 0 | 0 | 1 | 0 | 1 | 1 | 0 | 0 | 1 |
| G | 0 | 0 | 0 | 0 | 0 | 1 | 0 | 0 | 0 | 1 | 1 |
| H | 0 | 1 | 1 | 0 | 0 | 1 | 0 | 0 | 0 | 1 | 0 |
| I | 0 | 0 | 1 | 1 | 0 | 0 | 0 | 0 | 0 | 0 | 1 |
| J | 0 | 0 | 0 | 0 | 1 | 0 | 1 | 1 | 0 | 0 | 0 |
| K | 0 | 0 | 0 | 0 | 0 | 1 | 1 | 0 | 1 | 0 | 0 |

## DB #12

### Directed and Weighted Graph

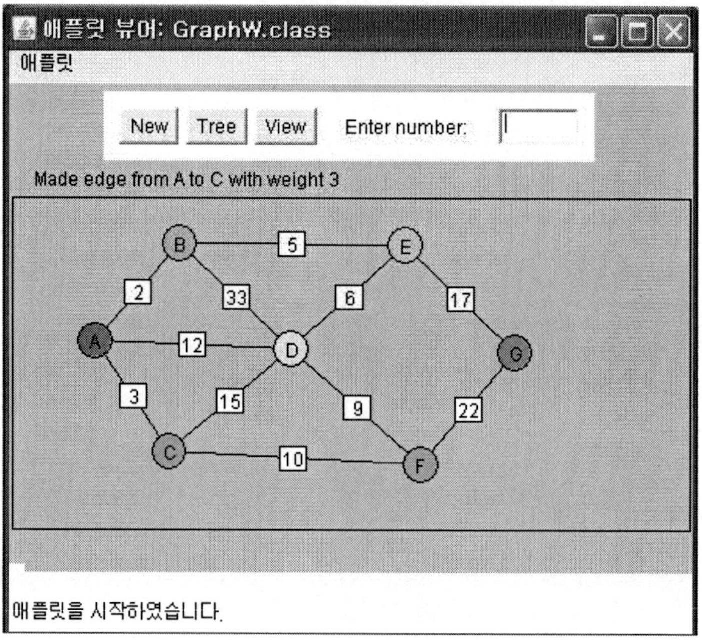


⬇

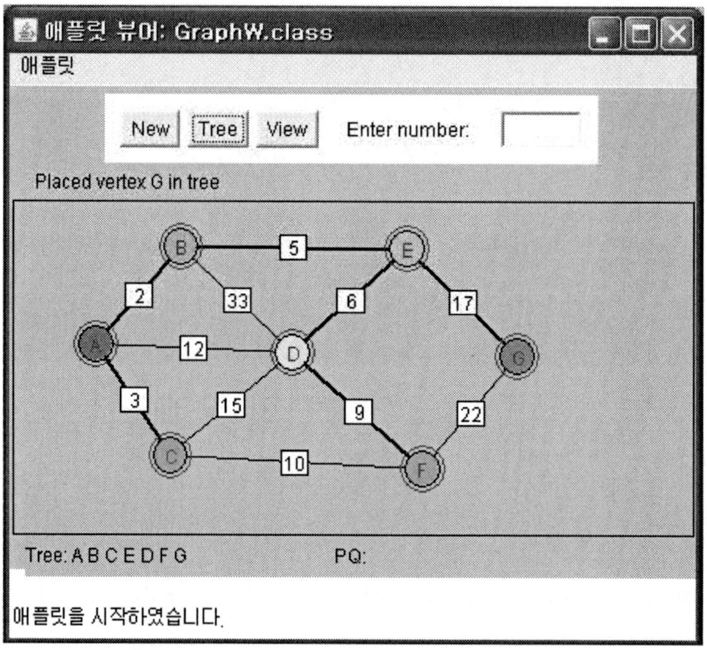

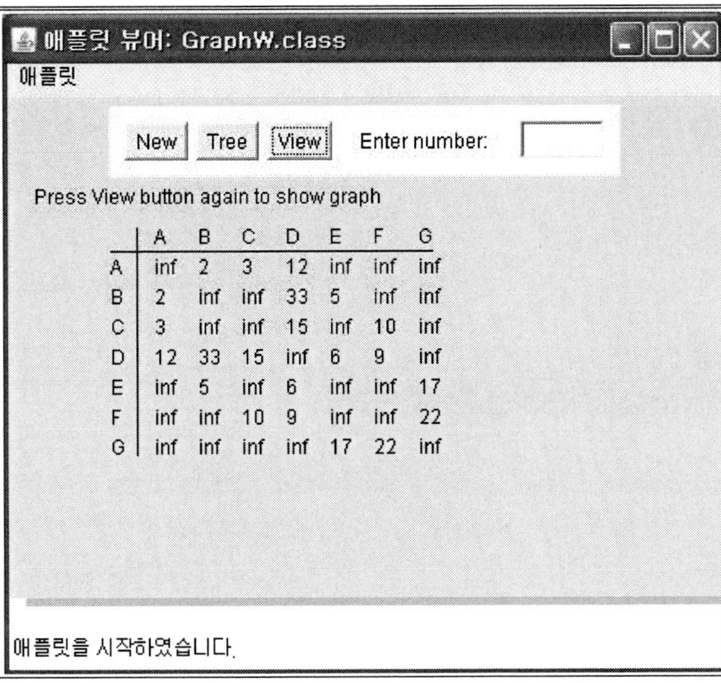
애플릿 뷰어: GraphW.class
애플릿
New
Tree
View
Enter number:
Press View button again to show graph
A B C D E F G
A inf 2 3 12 inf inf inf
B 2 inf inf 33 5 inf inf
C 3 inf inf 15 inf 10 inf
D 12 33 15 inf 6 9 inf
E inf 5 inf 6 inf inf 17
F inf inf 10 9 inf inf 22
G inf inf inf inf 17 22 inf
애플릿을 시작하였습니다.

# DB #13

## Huffman Code

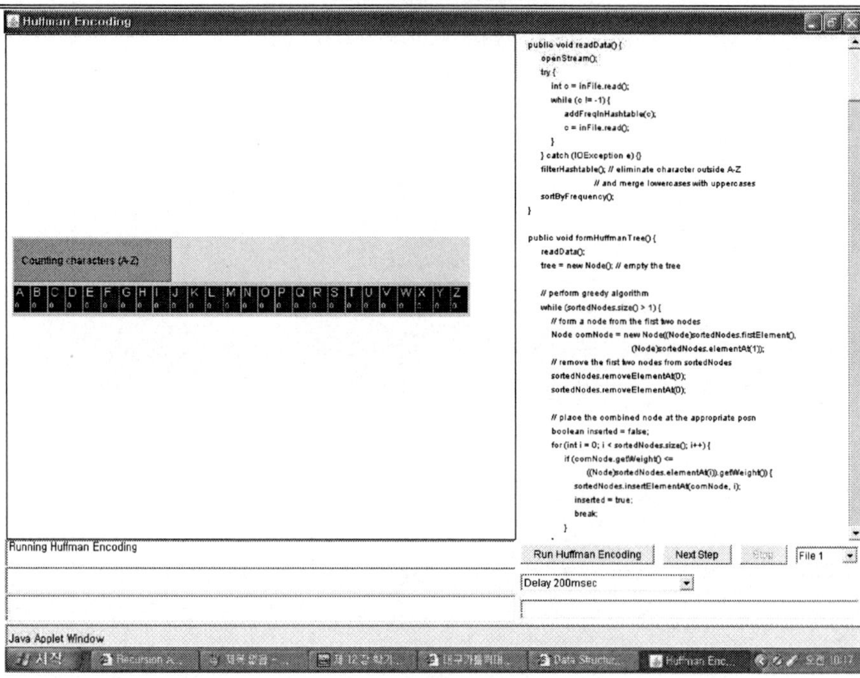


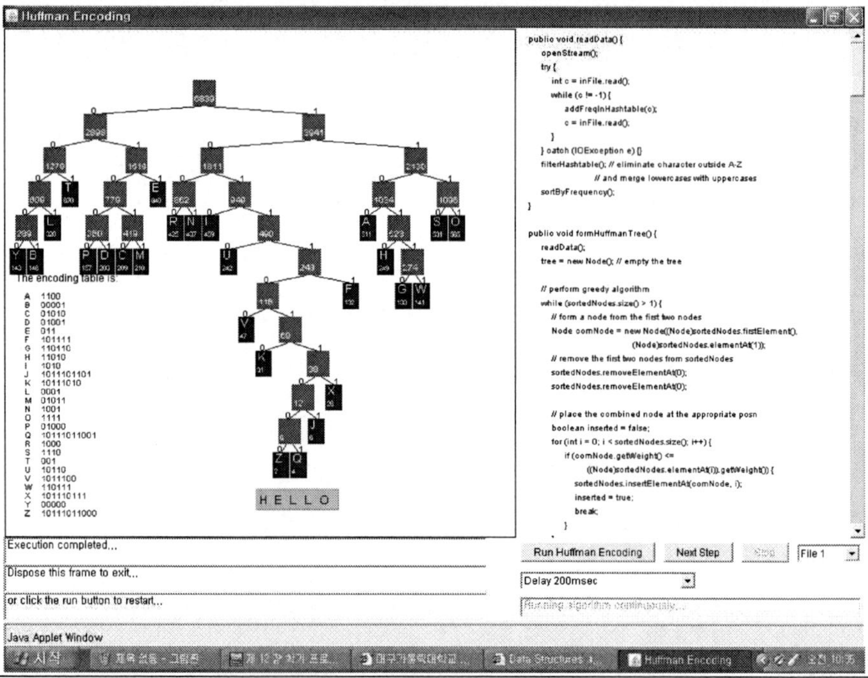

# DB #14

## Minimum Spanning Tree(Prim's Algorithm)

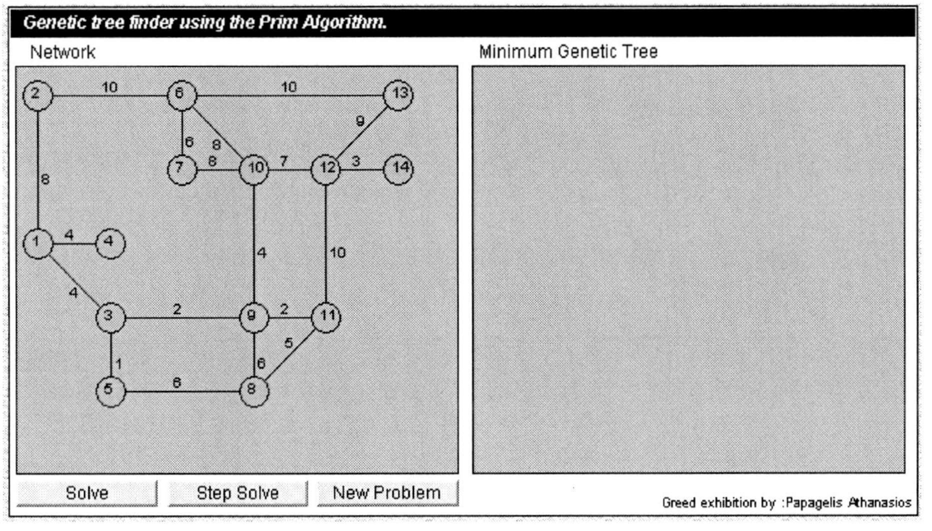


⬇

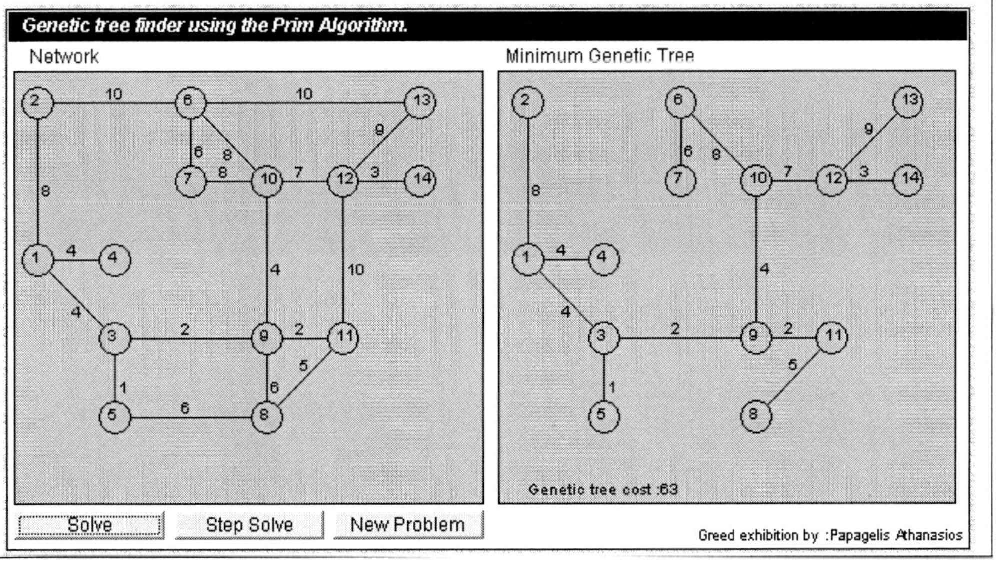

# DB #15

## Shortest Path(Dijkstra's Algorithm)

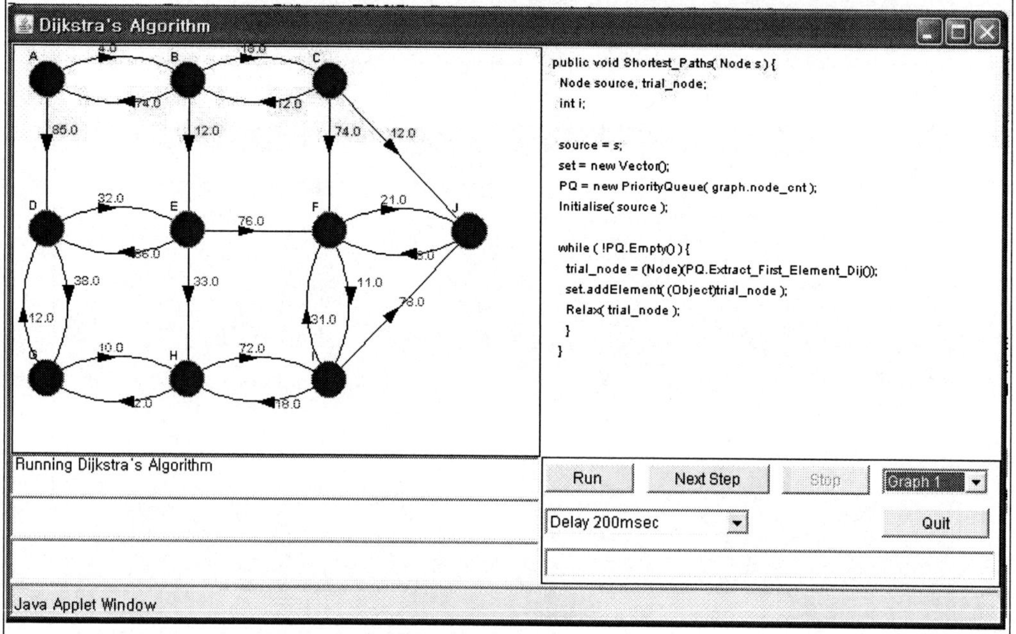


⬇

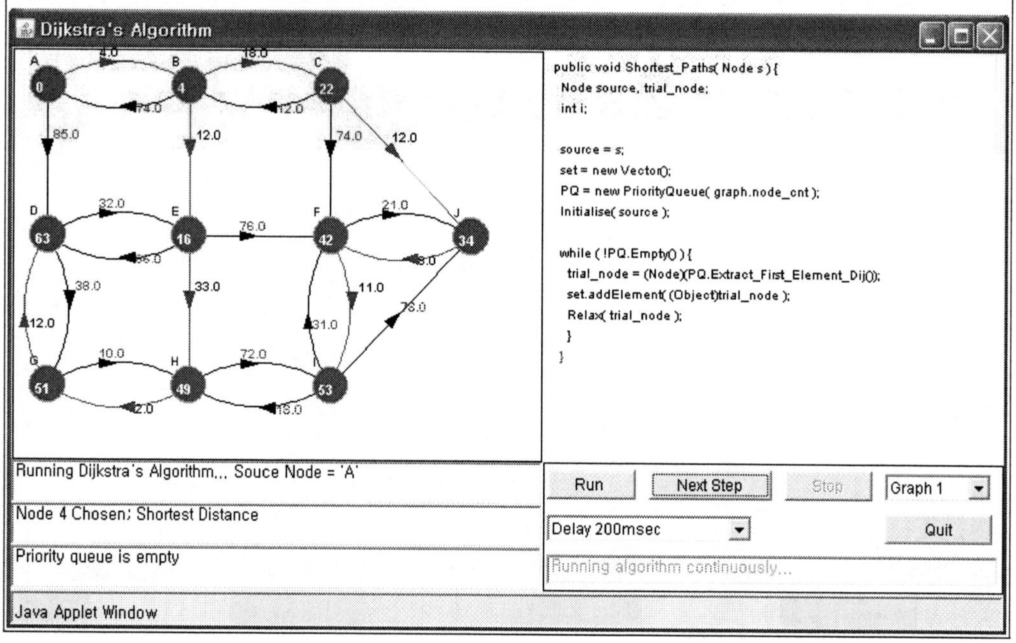

## DB #16

### n-Queens Problem

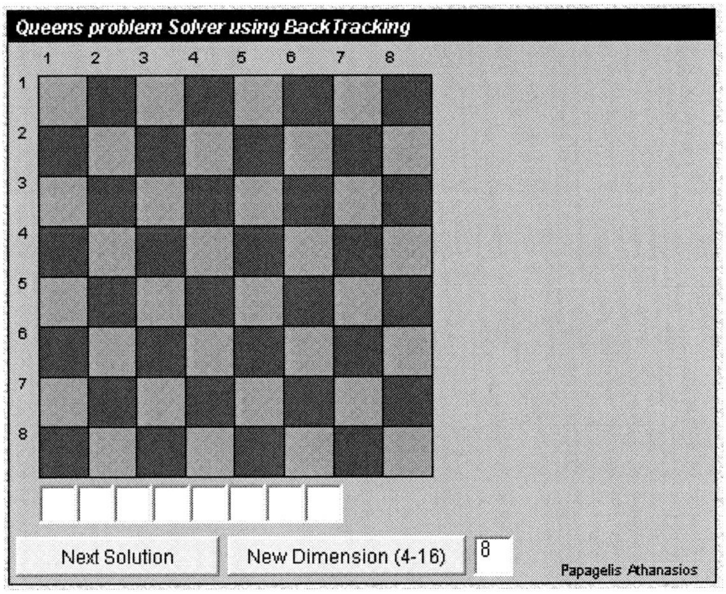


⬇

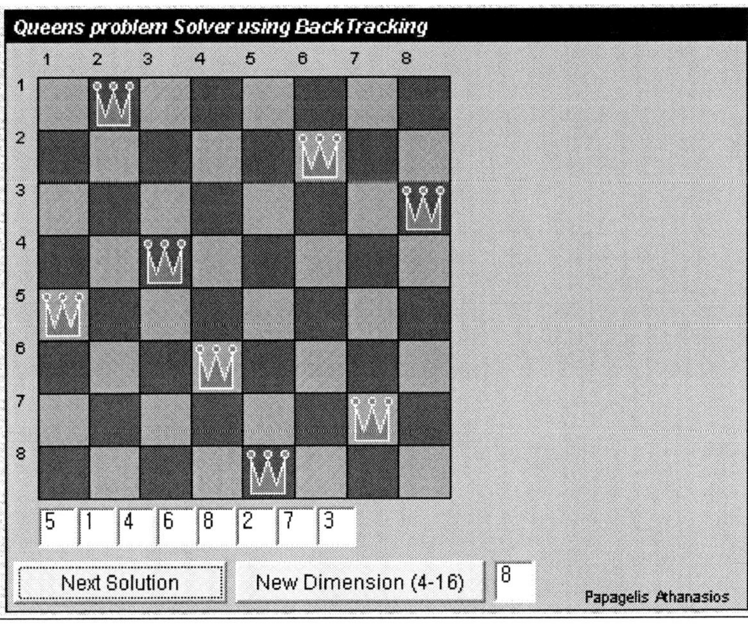

# DB #17

## Pi Computation by Monte Carlo Algorithm

**Monte Carlo JAVA Applet**

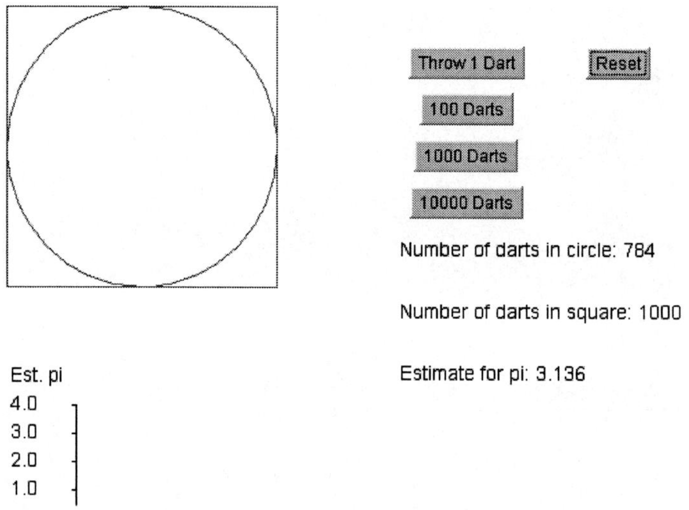


⬇

**Monte Carlo JAVA Applet**

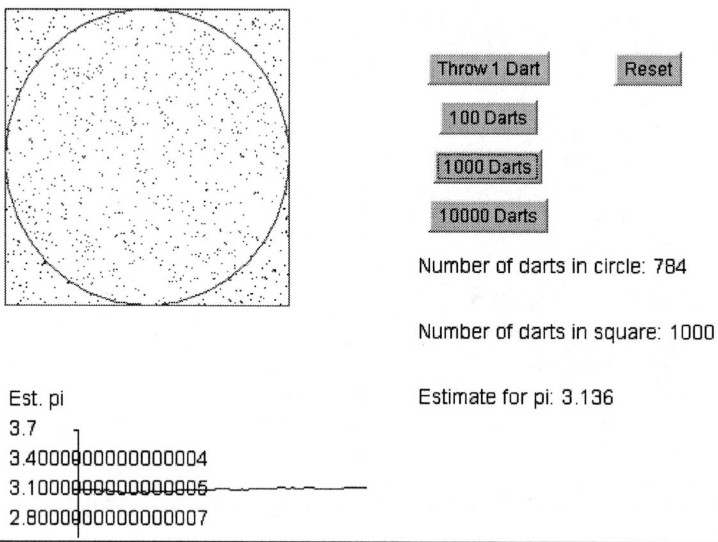

# 부 록

## 1. 서로소 집합 자료구조

```
// DisjointSets class
//
// CONSTRUCTION: with int representing initial number of sets
//
// *****************PUBLIC OPERATIONS********************
// void union( root1, root2 ) --> Merge two sets
// int find( x )              --> Return set containing x
// *****************ERRORS*******************************
// Error checking or parameters is performed

/**
 * Disjoint set class, using union by rank
 * and path compression.
 * Elements in the set are numbered starting at 0.
 * @author Mark Allen Weiss
 */
public class DisjointSets
{
    /**
     * Construct the disjoint sets object.
     * @param numElements the initial number of disjoint sets.
     */
    public DisjointSets( int numElements )
    {
        s = new int [ numElements ];
        for( int i = 0; i < s.length; i++ )
            s[ i ] = -1;
    }

    /**
     * Union two disjoint sets using the height heuristic.
     * root1 and root2 are distinct and represent set names.
     * @param root1 the root of set 1.
     * @param root2 the root of set 2.
     * @throws IllegalArgumentException if root1 or root2
```

```
 * are not distinct roots.
 */
public void union( int root1, int root2 )
{
    assertIsRoot( root1 );
    assertIsRoot( root2 );
    if( root1 == root2 )
        throw new IllegalArgumentException( "Union: root1 == root2 " + root1 );

    if( s[ root2 ] < s[ root1 ] )  // root2 is deeper
        s[ root1 ] = root2;        // Make root2 new root
    else
    {
        if( s[ root1 ] == s[ root2 ] )
            s[ root1 ]--;          // Update height if same
        s[ root2 ] = root1;        // Make root1 new root
    }
}

/**
 * Perform a find with path compression.
 * @param x the element being searched for.
 * @return the set containing x.
 * @throws IllegalArgumentException if x is not valid.
 */
public int find( int x )
{
    assertIsItem( x );
    if( s[ x ] < 0 )
        return x;
    else
        return s[ x ] = find( s[ x ] );
}

private int [ ] s;


private void assertIsRoot( int root )
{
    assertIsItem( root );
    if( s[ root ] >= 0 )
        throw new IllegalArgumentException( "Union: " + root + " not a root" );
```

```
    }

    private void assertIsItem( int x )
    {
        if( x < 0 || x >= s.length )
            throw new IllegalArgumentException( "Disjoint sets: " + x + " not an
item" );
    }


    // Test main; all finds on same output line should be identical
    public static void main( String [ ] args )
    {
        int numElements = 128;
        int numInSameSet = 16;

        DisjointSets ds = new DisjointSets( numElements );
        int set1, set2;

        for( int k = 1; k < numInSameSet; k *= 2 )
        {
            for( int j = 0; j + k < numElements; j += 2 * k )
            {
                set1 = ds.find( j );
                set2 = ds.find( j + k );
                ds.union( set1, set2 );
            }
        }

        for( int i = 0; i < numElements; i++ )
        {
            System.out.print( ds.find( i )+ "*" );
            if( i % numInSameSet == numInSameSet - 1 )
                System.out.println( );
        }
        System.out.println( );
    }
}
```

```
명령 프롬프트
C:\progs>java DisjointSets
0*0*0*0*0*0*0*0*0*0*0*0*0*0*0*0*
16*16*16*16*16*16*16*16*16*16*16*16*16*16*16*16*
32*32*32*32*32*32*32*32*32*32*32*32*32*32*32*32*
48*48*48*48*48*48*48*48*48*48*48*48*48*48*48*48*
64*64*64*64*64*64*64*64*64*64*64*64*64*64*64*64*
80*80*80*80*80*80*80*80*80*80*80*80*80*80*80*80*
96*96*96*96*96*96*96*96*96*96*96*96*96*96*96*96*
112*112*112*112*112*112*112*112*112*112*112*112*112*112*112*112*


C:\progs>_
```

## 2. 힙(Heap) 자료구조

```
////////////////////////////////////////////////////////////////
class Node
   {
   private int iData;              // data item (key)
//  ------------------------------------------------------------
  public Node(int key)             // constructor
      { iData = key; }
// -------------------------------------------------------------
   public int getKey()
      { return iData; }
// -------------------------------------------------------------
   public void setKey(int id)
      { iData = id; }
// -------------------------------------------------------------
   }  // end class Node
////////////////////////////////////////////////////////////////
class Heap
   {
   private Node[] heapArray;
   private int maxSize;            // size of array
   private int currentSize;        // number of nodes in array
// -------------------------------------------------------------
   public Heap(int mx)             // constructor
      {
      maxSize = mx;
      currentSize = 0;
      heapArray = new Node[maxSize];  // create array
      }
```

```
// -----------------------------------------------------------
   public boolean isEmpty()
      { return currentSize==0; }
// -----------------------------------------------------------
   public boolean insert(int key)
      {
      if(currentSize==maxSize)
         return false;
      Node newNode = new Node(key);
      heapArray[currentSize] = newNode;
      trickleUp(currentSize++);
      return true;
      }  // end insert()
// -----------------------------------------------------------
   public void trickleUp(int index)
      {
      int parent = (index-1) / 2;
      Node bottom = heapArray[index];

      while( index > 0 &&
             heapArray[parent].getKey() < bottom.getKey() )
         {
         heapArray[index] = heapArray[parent];  // move it down
         index = parent;
         parent = (parent-1) / 2;
         }  // end while
      heapArray[index] = bottom;
      }  // end trickleUp()
// -----------------------------------------------------------
   public Node remove()           // delete item with max key
      {                           // (assumes non-empty list)
      Node root = heapArray[0];
      heapArray[0] = heapArray[--currentSize];
      trickleDown(0);
      return root;
      }  // end remove()
// -----------------------------------------------------------
   public void trickleDown(int index)
      {
      int largerChild;
      Node top = heapArray[index];        // save root
      while(index < currentSize/2)        // while node has at
         {                                //    least one child,
         int leftChild = 2*index+1;
         int rightChild = leftChild+1;
                                          // find larger child
         if(rightChild < currentSize &&   // (rightChild exists?)
```

```
                        heapArray[leftChild].getKey() <
                        heapArray[rightChild].getKey())
            largerChild = rightChild;
         else
            largerChild = leftChild;
                                    // top >= largerChild?
         if( top.getKey() >= heapArray[largerChild].getKey() )
            break;
                                    // shift child up
         heapArray[index] = heapArray[largerChild];
         index = largerChild;            // go down
         }  // end while
      heapArray[index] = top;            // root to index
      }  // end trickleDown()
// -------------------------------------------------------------
   public boolean change(int index, int newValue)
      {
      if(index<0 || index>=currentSize)
         return false;
      int oldValue = heapArray[index].getKey(); // remember old
      heapArray[index].setKey(newValue);  // change to new

      if(oldValue < newValue)             // if raised,
         trickleUp(index);                // trickle it up
      else                                // if lowered,
         trickleDown(index);              // trickle it down
      return true;
      }  // end change()
// -------------------------------------------------------------
   public void displayHeap()
      {
      System.out.print("heapArray: ");    // array format
      for(int m=0; m<currentSize; m++)
         if(heapArray[m] != null)
            System.out.print( heapArray[m].getKey() + " ");
         else
            System.out.print( "-- ");
      System.out.println();
                                          // heap format
      int nBlanks = 32;
      int itemsPerRow = 1;
      int column = 0;
      int j = 0;                          // current item
      String dots = "...............................";
      System.out.println(dots+dots);      // dotted top line

      while(currentSize > 0)              // for each heap item
```

```
        {
        if(column == 0)                    // first item in row?
           for(int k=0; k<nBlanks; k++)  // preceding blanks
              System.out.print(' ');
                                           // display item
        System.out.print(heapArray[j].getKey());

        if(++j == currentSize)             // done?
           break;

        if(++column==itemsPerRow)          // end of row?
           {
           nBlanks /= 2;                   // half the blanks
           itemsPerRow *= 2;               // twice the items
           column = 0;                     // start over on
           System.out.println();           //    new row
           }
        else                               // next item on row
           for(int k=0; k<nBlanks*2-2; k++)
              System.out.print(' ');      // interim blanks
        } // end for
     System.out.println("\n"+dots+dots); // dotted bottom line
     } // end displayHeap()
// -------------------------------------------------------------
  } // end class Heap
////////////////////////////////////////////////////////////////
class HeapApp
  {
  public static void main(String[] args) throws IOException
     {
     int value, value2;
     Heap theHeap = new Heap(31); // make a Heap; max size 31
     boolean success;

     theHeap.insert(70);          // insert 10 items
     theHeap.insert(40);
     theHeap.insert(50);
     theHeap.insert(20);
     theHeap.insert(60);
     theHeap.insert(100);
     theHeap.insert(80);
     theHeap.insert(30);
     theHeap.insert(10);
     theHeap.insert(90);

     while(true)                  // until [Ctrl]-[C]
        {
```

```
            System.out.print("Enter first letter of ");
            System.out.print("show, insert, remove, change: ");
            int choice = getChar();
            switch(choice)
               {
               case 's':                        // show
                  theHeap.displayHeap();
                  break;
               case 'i':                        // insert
                  System.out.print("Enter value to insert: ");
                  value = getInt();
                  success = theHeap.insert(value);
                  if( !success )
                     System.out.println("Can't insert; heap full");
                  break;
               case 'r':                        // remove
                  if( !theHeap.isEmpty() )
                     theHeap.remove();
                  else
                     System.out.println("Can't remove; heap empty");
                  break;
               case 'c':                        // change
                  System.out.print("Enter current index of item: ");
                  value = getInt();
                  System.out.print("Enter new key: ");
                  value2 = getInt();
                  success = theHeap.change(value, value2);
                  if( !success )
                     System.out.println("Invalid index");
                  break;
               default:
                  System.out.println("Invalid entry\n");
               }  // end switch
            }  // end while
         }  // end main()
//-------------------------------------------------------------
   public static String getString() throws IOException
      {
      InputStreamReader isr = new InputStreamReader(System.in);
      BufferedReader br = new BufferedReader(isr);
      String s = br.readLine();
      return s;
      }
//-------------------------------------------------------------
   public static char getChar() throws IOException
      {
      String s = getString();
```

```
        return s.charAt(0);
        }
//--------------------------------------------------------------
    public static int getInt() throws IOException
        {
        String s = getString();
        return Integer.parseInt(s);
        }
//--------------------------------------------------------------
    } // end class HeapApp
////////////////////////////////////////////////////////////////
```

```
명령 프롬프트 - java HeapApp
Enter value to insert: 30
Enter first letter of show, insert, remove, change: i
Enter value to insert: 40
Enter first letter of show, insert, remove, change: i
Enter value to insert: 50
Enter first letter of show, insert, remove, change: i
Enter value to insert: 60
Enter first letter of show, insert, remove, change: i
Enter value to insert: 70
Enter first letter of show, insert, remove, change: i
Enter value to insert: 80
Enter first letter of show, insert, remove, change: i
Enter value to insert: 90
Enter first letter of show, insert, remove, change: s
heapArray: 90 80 60 70 70 20 50 10 40 30
..............................................................
                                90
                80                              60
        70              70              20              50
    10      40      30
..............................................................
Enter first letter of show, insert, remove, change: i
Enter value to insert: 100
Enter first letter of show, insert, remove, change: s
heapArray: 100 90 60 70 80 20 50 10 40 30 70
..............................................................
                                100
                90                              60
        70              80              20              50
    10      40      30      70
..............................................................
Enter first letter of show, insert, remove, change:
```

## 3. 힙 정렬(Heap Sort)

```
import java.io.*;
////////////////////////////////////////////////////////////////
class Node
   {
   private int iData;              // data item (key)
// -------------------------------------------------------------
   public Node(int key)            // constructor
      { iData = key; }
// -------------------------------------------------------------
   public int getKey()
      { return iData; }
// -------------------------------------------------------------
   }  // end class Node
////////////////////////////////////////////////////////////////
class Heap
   {
   private Node[] heapArray;
   private int maxSize;            // size of array
   private int currentSize;        // number of items in array
// -------------------------------------------------------------
   public Heap(int mx)             // constructor
      {
      maxSize = mx;
      currentSize = 0;
      heapArray = new Node[maxSize];
      }
// -------------------------------------------------------------
   public Node remove()            // delete item with max key
      {                            // (assumes non-empty list)
      Node root = heapArray[0];
      heapArray[0] = heapArray[--currentSize];
      trickleDown(0);
      return root;
      }  // end remove()
// -------------------------------------------------------------
   public void trickleDown(int index)
      {
      int largerChild;
      Node top = heapArray[index];         // save root
      while(index < currentSize/2)         // not on bottom row
         {
         int leftChild = 2*index+1;
         int rightChild = leftChild+1;
```

```
                                    // find larger child
        if(rightChild < currentSize &&   // right ch exists?
                        heapArray[leftChild].getKey() <
                        heapArray[rightChild].getKey())
            largerChild = rightChild;
        else
            largerChild = leftChild;
                                    // top >= largerChild?
        if(top.getKey() >= heapArray[largerChild].getKey())
            break;
                                    // shift child up
        heapArray[index] = heapArray[largerChild];
        index = largerChild;             // go down
        } // end while
    heapArray[index] = top;             // root to index
    } // end trickleDown()
// -------------------------------------------------------------
  public void displayHeap()
    {
    int nBlanks = 32;
    int itemsPerRow = 1;
    int column = 0;
    int j = 0;                          // current item
    String dots = "...............................";
    System.out.println(dots+dots);      // dotted top line

    while(currentSize > 0)              // for each heap item
        {
        if(column == 0)                 // first item in row?
            for(int k=0; k<nBlanks; k++) // preceding blanks
                System.out.print(' ');
                                        // display item
        System.out.print(heapArray[j].getKey());

        if(++j == currentSize)          // done?
            break;

        if(++column==itemsPerRow)        // end of row?
            {
            nBlanks /= 2;               // half the blanks
            itemsPerRow *= 2;            // twice the items
            column = 0;                 // start over on
            System.out.println();       //    new row
            }
        else                            // next item on row
            for(int k=0; k<nBlanks*2-2; k++)
                System.out.print(' ');   // interim blanks
```

```
        } // end for
      System.out.println("₩n"+dots+dots); // dotted bottom line
      } // end displayHeap()
// -------------------------------------------------------------
   public void displayArray()
      {
      for(int j=0; j<maxSize; j++)
         System.out.print(heapArray[j].getKey() + " ");
      System.out.println("");
      }
// -------------------------------------------------------------
   public void insertAt(int index, Node newNode)
      { heapArray[index] = newNode; }
// -------------------------------------------------------------
   public void incrementSize()
      { currentSize++; }
// -------------------------------------------------------------
   } // end class Heap
////////////////////////////////////////////////////////////////
class HeapSortApp
   {
   public static void main(String[] args) throws IOException
      {
      int size, j;

      System.out.print("Enter number of items: ");
      size = getInt();
      Heap theHeap = new Heap(size);

      for(j=0; j<size; j++)        // fill array with
         {                         //    random nodes
         int random = (int)(java.lang.Math.random()*100);
         Node newNode = new Node(random);
         theHeap.insertAt(j, newNode);
         theHeap.incrementSize();
         }

      System.out.print("Random: ");
         theHeap.displayArray();  // display random array

      for(j=size/2-1; j>=0; j--)  // make random array into heap
         theHeap.trickleDown(j);

      System.out.print("Heap:   ");
      theHeap.displayArray();      // dislay heap array
      theHeap.displayHeap();       // display heap
```

```
    for(j=size-1; j>=0; j--)      // remove from heap and
       {                          //    store at array end
       Node biggestNode = theHeap.remove();
       theHeap.insertAt(j, biggestNode);
       }
    System.out.print("Sorted: ");
    theHeap.displayArray();       // display sorted array
    }  // end main()
// -------------------------------------------------------------
  public static String getString() throws IOException
    {
    InputStreamReader isr = new InputStreamReader(System.in);
    BufferedReader br = new BufferedReader(isr);
    String s = br.readLine();
    return s;
    }
//-------------------------------------------------------------
  public static int getInt() throws IOException
    {
    String s = getString();
    return Integer.parseInt(s);
    }
// -------------------------------------------------------------
 }  // end class HeapSortApp
////////////////////////////////////////////////////////////////
```

```
명령 프롬프트
2007-12-31  오후 04:29    <DIR>          .
2007-12-31  오후 04:29    <DIR>          ..
2002-04-30  오전 11:42             1,734 Heap.class
2002-07-19  오후 03:02             6,477 heapSort.java
2002-04-30  오전 11:42             1,491 HeapSortApp.class
2002-04-30  오전 11:42               286 Node.class
               4개 파일               9,988 바이트
               2개 디렉터리  104,509,349,888 바이트 남음

C:₩progs₩ExamplePrograms₩ReaderFiles₩Chap12₩heapSort>java HeapSortApp
Enter number of items: 17
Random: 7 28 13 0 72 48 23 43 33 40 5 34 96 23 24 94 83
Heap:   96 94 48 83 72 34 24 43 33 40 5 7 13 23 23 28 0
..............................................................
                                96
                94                              48
        83              72              34              24
    43      33      40      5       7       13      23      23
  28  0
..............................................................
Sorted: 0 5 7 13 23 23 24 28 33 34 40 43 48 72 83 94 96

C:₩progs₩ExamplePrograms₩ReaderFiles₩Chap12₩heapSort>
```

# 참고문헌


[1] 도경구 역, 알고리즘, 사이텍미디어, 2004.

[2] 전문석 역, 알고리즘, 그린, 1998.

[3] 장직현 역, 컴퓨터 알고리즘/C++, 사이텍미디어, 2000.

[4] R. Neapolitan and K. Naimipour, Foundation of Algorithms, Jones and Bartlett Pub., 1997.

[5] R. Lafore, Data tructure & Algorithms in Java, SAMS, 2003.

[6] T. H. Cormen, et al,, Introduction to Algorithms(Second Edition), McGraw Hill, 2001.

[7] M. T. Goodrich and R. Tamassia, Algorithm Design Foundation, Analysis and Interenet Examples, John Wiley & Sons, Inc.,2002.

[8] S. Basse, Computer Algorithms Introduction to Design and Analysis, Addison Wesley Pub., 1988.

[9] A. Levitin, The Design & Analysis of Algorithms, Pearson Education Inc., 2007.

[10] G. Brassard and P. Bratley, Fundamental of Algorithmics, Prentice-Hall, Inc., 1996.

[11] R. C. T. Lee et al., Introduction to the Design and Analysis of Algorithms, A Strategic Approach, McGraw Hill, 2005.

[12] S. Harris, J. Ross, Beginning Algorithms, Wiley Pub. Inc., 2006.

[13] R. Johnsonbaugh and M. Schaefer, Algorithms, Pearson Education International,, Inc., 2004.

# 찾아보기

◀ A ▶

ancestor 36

◀ B ▶

Binary Search Tree 200

bound 149

Bubble Sort 193

◀ C ▶

children() 36

◀ D ▶

dequeue() 28

descendent 36

Dijkstra의 알고리즘 109

Directed and Weighted Graph 206

◀ E ▶

enqueue() 28

external 36

Euclid 알고리즘 6

◀ E ▶

Floyd의 알고리즘 80, 91

◀ H ▶

Hanoi Tower 71, 197

Hashing 201

Hamilton의 순환 경로 130

Heap 202

Heap Sort 222

Huffman Code 112, 208

Huffman 트리 111

◀ I ▶

inorder(T, v) 42

Insertion Sort 195

insertItem(k, e) 35

internal 36

◀ K ▶

Kruskal 알고리즘 106

◀ L ▶

Las Vegas 알고리즘 145

◀ M ▶

m-색칠하기 문제 140

Merge Sort 175, 196

Minimum Spanning Tree 209

Monte Carlo 알고리즘 143

◀ N ▶

n-여왕 문제 128, 211

Not Directed, not Weighted Graph 203

◀ P ▶

parent() 36

pop() 27

postorder(T, v) 42

Pi 계산 212

Prim의 알고리즘 103

push() 27

preorder 39

◀ Q ▶

Quick Sort 198

◀ R ▶

recurrnce 77

removeItem() 35

root() 36

◀ S ▶

Selection Sort 194

Shell Sort 199

sibling 36

Shortest Path 210

small o 21

◀ ㄱ ▶

가변 길이 코딩 112

고정 길이 코딩 111

공간 복잡도 15

검색문제 15

교환정렬 16

계승 문제 60

◀ ㄷ ▶

단위 연산 15

도사정리 55

동질 1차 재현식 46

동적계획법 77

되추적 127

◀ ㅁ ▶

무작위 빠른 정렬 145

◀ ㅂ ▶

반복적 방법 5

배낭 문제 149

분기한정법 149

분할 62

분할정복법 59

비 방향 그래프 102

변수 변경 53
비동질 1차 재현식 51
빠른정렬 61

◀ ㅅ ▶

상태 공간 트리 127, 129, 132, 149, 154
상향식 접근 방법 77
서로소 213
선택 절차 101
순차검색 3, 17
시간 복잡도 15
신장 트리 102
스택 27

◀ ㅇ ▶

알고리즘 1
외판원 문제 153
이분검색 4
이항계수 78
입력 크기 15
우선순위 큐 35
유망함수 127
의사코드 1
연쇄 행렬 곱셈 83

◀ ㅈ ▶

전치 코드 112
점근적 밀한 20
점근적 상한 18
점근적 하한 19
정확도 분석 18
지능적 추측 45
재귀관계식 77, 78, 80, 83, 88
재귀적 방법 5
재현식 45

◀ ㅊ ▶

차수 18
최적 일주여행 경로 153
최적화 문제 77
치환 54
최단경로 79
최대공약수 9
최소비용 신장 트리 102
최적 이진검색 트리 87

◀ ㅋ ▶

코드워드 111
큐 28

◀ ㅌ ▶

탐욕기법 901
트리 35
특성 방정식 46

◀ ㅍ ▶

피보나찌 수열 5, 47, 49

◀ ㅎ ▶

하노이 탑 71

한계 값 149, 150, 153

합병정렬 65

하향식 접근 방법 59

힙 216

힙 정렬 222

확률적 알고리즘 143

# ◈ 약 력 ◈

- 1990년 중앙대학교 전자계산학과 (공학박사)
- 1996~1997년 Computer Science and Engineering, The Ohio State University (Postdoc)
- 2002~2003년 Department of Computer Science, Old Dominion University (Visiting Professor)
- 1989년~현재 대구가톨릭대학교 컴퓨터정보통신공학부 교수
- 관심분야 : 모바일 컴퓨팅, 모바일 멀티미디어, 무선 인터넷, 모바일 컨버전스, 유비쿼터스 컴퓨팅 등

행복과 성공은 '생각의 길'에 따라 정해져 있다. 부정적이고 소극적인 사고를 버리고 긍정적이고 적극적인 사고를 갖는다면 인생의 승리자가 된다. 미래는 '나도 할 수 있다'는 신념으로 도전하는 자의 몫이다.

– 무지개 원리 중에서

Java로 실습하는 **컴퓨터 알고리즘**

2012년 1월 10일 인쇄
2012년 1월 15일 수정판 발행
저 자 배 인 한 저
펴낸이 오 성 걸
펴낸곳 **오성미디어**
주 소 132-916 서울시 도봉구 창 3동 491-1
전 화 02)997-0136
FAX 02)997-0137
등 록 2000. 5. 12 제 7-212 호

ISBN 978-89-6628-034-6 값 15,000 원

· 이 도서의 어느 부분도 인쇄 복제등 기타의 판권소유에 위배되는 제반행위를 할 수 없습니다.
· 위반시 저작권법에 의하여 3년 이하의 징역 또는 3,000만원 이하의 벌금에 처하게 됩니다.